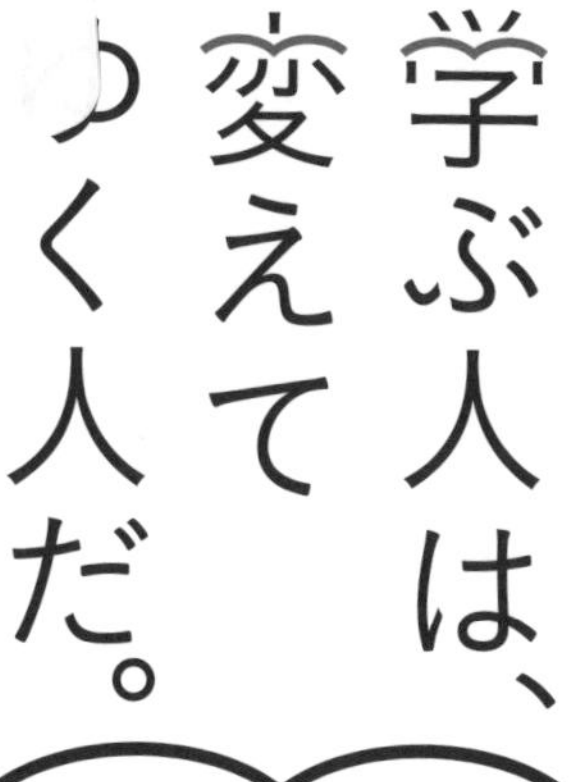

目の前にある問題はもちろん、

人生の問いや、

社会の課題を自ら見つけ、

挑み続けるために、人は学ぶ。

「学び」で、

少しずつ世界は変えてゆける。

いつでも、どこでも、誰でも、

学ぶことができる世の中へ。

旺文社

大学入学

共通テスト
古文・漢文
実戦対策問題集

改訂版

下屋敷雅暁・宮下典男 著

旺文社

はじめに

本書は、「大学入学共通テスト」の古文・漢文について、実問演習を通してその傾向を理解し、万全の対策を修得することを目的として編まれた問題集です。

古文については、「複数の素材を比較して、統合・熟考・評価すること」を意図したスタイルをとった、共通テストの追試験問題一題とオリジナル問題三題（2教師と生徒の対話を通して、複数のテクストを比較するタイプの問題。3表記の異なる複数のテクストで同一場面を比較するタイプの問題。4古文と、その本文を解説している現代文の複数のテクストを比較するタイプの問題）の計四題を用意しました。また、設問については、従来のセンター型の、重用語句・文法を押さえて解く知識中心の問題や傍線部の前の、解答に必要な部分をまとめるタイプの読解問題に加え、本文から読み取った情報を再編集したり、与えられた複数の素材から読み取った情報を組み合わせたりして解くタイプの設問など、今後出題が予想されうる問題も配し、万全を期しています。

漢文については、「二つの文章もしくは、文章・漢詩と資料を対比的に読むこと」を意図したスタイルをとった、共通テストの追試験問題一題とオリジナル問題三題の計四題を用意しました。すべて「提示された文章や資料などを読み解き、情報を組み合わせて考えること」を目指す共通テストに対応できる実力を養成できるものとなっています。すなわち、文脈に照らした同義語選択、訓点文と書き下し文の組み合わせ、書き下し文と解釈の組み合わせなどの知識中心の設問のほか、登場人物の心情・主張や言動の意味等をとらえ、漢文を的確に理解する力を問うた設問、問題文を手がかりとしながら、与えられた情報を多角的な視点から運用・処理する能力を要する設問など、予想されうるあらゆる設問を配し、万全の体制を整えています。

本書読了後のみなさんが、見事に第一志望合格という栄冠を勝ち取られることを心より願っています。

令和甲辰七月　著者

「大学入学共通テスト」国語の概要

「大学入学共通テスト」とは、各大学の個別試験に先立って（あるいはその代わりに）実施される、**全国共通のテストである。**

国公立大学志望者のほぼすべて、私立大学志望者の多くが、このテストを受験することになる。

国語は、90分で5つの大問を解くため、時間的にかなり厳しい。自分の得意不得意に合わせて大問ごとの時間のめやすを決め、場合によっては古文・漢文から先に解くなど、自分なりのやり方を考えておこう。

大問	題材	解答形式	配点	試験時間
第1問	現代文（評論・論説文などの論理的文章）	マーク式	45点	90分
第2問	現代文（小説・詩と随筆などの文学的文章）	マーク式	45点	
第3問	現代文（実用文）	マーク式	20点	
第4問	古文	マーク式	45点	
第5問	漢文	マーク式	45点	

目次

本書の特長と使い方

本書は、「大学入学共通テスト」（以下「共通テスト」）の傾向を知り、対策を立てるための問題集です。効果的な対策ができるよう、次のような特長をもつ対策書としました。

※本書の内容は、二〇二四年七月現在の情報に基づいています。

本冊

▼学習アドバイス

古文・漢文の各冒頭に特設ページを設け、

・学習計画の立てかた
・基礎学習のアドバイス
・共通テストで求められる力

などをまとめました。

こちらを読んでから学習に取り組みましょう。

▼問題

古文・漢文ともに、

1 共通テスト過去問題
2～**4** オリジナル問題

を掲載しました。

別冊

▼解答・解説

解答と詳しい解説を掲載しました。問題を解いた後、自分が間違えた設問以外のものも、解説をしっかり読んで傾向を知り、対策に役立てて力をつけましょう。

「問題文について／設問について」
問題文全体の出題趣旨、出典情報、共通テスト特有の注目すべきポイントなどを示しました。

「設問の傾向とねらい」
各設問の出題趣旨・ねらいを分析しています。

「解答のポイント」
設問を正解するために必要な学習ポイントなどを示しました。

「文法のポイント」
基礎的な文法事項をまとめました。

自動採点について

採点・見直しができる無料の学習アプリ「学びの友」で、簡単に自動採点ができます。

① 以下のURLか右の二次元コードから、公式サイトにアクセスしてください。　https://manatomo.obunsha.co.jp/

② アプリを起動後、「旺文社まなびID」に会員登録してください（無料）。

③ アプリ内のライブラリより本書を選び、「追加」ボタンをタップしてください。

※ iOS／Android端末、Webブラウザよりご利用いただけます。　※ 本サービスは予告なく終了することがあります。

古文　問題

古文　学習アドバイス

① 古文の学習計画を立てよう

四月に本格的な学習をスタートするとして、夏休み終了までの五か月間で、体系的な文法知識の習得、単語力の養成を目指そう。夏休みには、予備校の夏期講習などで、知識の確認・整理整頓に努めると同時に、覚えた知識をどのように使えばよいのか、どうすれば正しく読め、正しく解けるようになるのかということも学んでいくようにしたい。さらに九月からは、まず、易しめの過去問（センター試験の国語Ⅰの問題や中堅私大の問題など）を用いた演習を繰り返し行い、読解力の養成を目指していく。十一月以降は、設問傾向が近いセンター試験や共通テストの過去問演習などを繰り返し行い、揺るぎない読解力・解答力を手に入れよう。

② 古文の学習にあたって

まずは、

1 体系的な文法・語句の知識を習得する

＊特に教科書で扱われている語句については、重要・非重要の区別をせず、きちんと覚えておく。

＊基本語については、語源から理解し、多様な意味に対

5 解答の際は、「テクスト中の情報の取り出し」を意識する

＊説明問題の基本は、傍線部の直前の、「短い部分をまとめる・段落をまとめる・全体の内容をまとめる」の三つ。以上のことをメインとしつつ、共通テスト対策としては、＋αが必要となる。

③ 共通テストで求められる力

1 問題文を整理し、情報を再編集する力を磨く

本文を訳して終わりにするのではなく、どのようなことが書かれていたのか、それを自分の言葉でまとめる訓練をする。

段落ごとの内容や、登場人物ごとの言動を整理するなど、本文の内容を箇条書きにして書いてみる方法が有効。指定された段落の登場人物や内容に関する問題は、この力を要求している。単なる現代語訳の勉強だけでは、このような問題に対応するのは難しい。

2 背景知識となる古文常識（文学史を含む）を習得する

背景知識や古文常識（文学史を含む）が単体で出題されることは考えにくいが、古文のよくあるパターン（例えば、垣間見（かいまみ）をしたら、恋が始まる）、つまり、「こうなったらこうなることが多い」「こういう場面だと、こうなることが多い」というおきまりの展開を押さえておくと読解に役に

応できるようにする。

＊文法については、問題集を一冊確実に終わらせる。

＊文法と語句の暗記を避けて、古文ができるようになることはない。すぐに取り組もう。

2 古文的な文構造に慣れる

＊文の構造を意識して読む。特に、主語・目的語・述語という骨組みを的確にとらえて読む。

3 和歌の修辞・解釈のコツを習得する

＊特に、掛詞・縁語・引き歌・序詞・見立て・本歌取りは、確実に理解しておく。

＊解釈の際は、和歌の前（後）に書かれていることと関連づけて読もうとする。

4 制限時間（約二十分）の中で、本文を三回は読めるように訓練する

＊一読目で本文を完全に理解しようとすると、わからない部分が出てきた際に止まってしまい、最後まで読み終わるまでにとても時間がかかってしまう。一読目は、「　」の外（地の文）のみで内容を大きくつかみ、二読目以降で、「　」の中（引用文）も含めて理解するように訓練する。

立つ。古文でよくある場面とはどのようなものなのかを意識して学習するということである。

また、有名な作品のあらすじ・登場人物の特徴などの予備知識も、「国語便覧」などを上手に利用し、日頃の学習で身につけておけると、なおよい。

実際、センター試験の時代から、有名な作品はあまり出題されていないが、背景知識があると読みやすくなる本文が多く出題されてきており、『源氏物語』の模倣作品からの出題も少なくない。これは、文学史の出題の代わりともいえる。

3 複数のテクストを比較して読むことに慣れておく

共通テストが意識している大きな要素の一つに、「複数のテクストを統合・評価する」「情報を組み合わせて考える」ことが挙げられる。そのため、提示される文章が複数となる可能性もあるので、日頃から複数のテクストを比較して読むことにも慣れておきたい。

また、比較するテクストは、必ずしも古文と古文であるとは限らない。古文と現代文のテクストの比較になる可能性があることも忘れないでおきたい。

石清水（いわしみず）物語

共通テスト（追試験）
解答▼別冊4ページ

◆次の文章は『石清水（いわしみず）物語』の一節である。男君（本文では「中納言」）は木幡（こわた）の姫君に恋心を抱くが、異母妹であることを知って苦悩している。一方、男君の父・関白（本文では「殿」）は、院の意向を受け入れ、院の娘・女二の宮（本文では「宮」「女宮」ともいう）と男君との婚儀の準備を進めていた。本文はそれに続く場面である。これを読んで、後の問い（問1～5）に答えよ。なお、設問の都合で本文の段落に1～5の番号を付してある。（配点　50）

1 中納言はかかるにつけても、人知れぬ心の内には、あるまじき思ひのみやむ世なく、苦しくなりゆくを、強ひて思ひ冷ましてのみ月日を送り給（たま）ふに、宮の御かたちの名高く聞き置きたれば、同じくは、Aものの嘆かしさの紛るばかりに見なし聞こえばやとぞ思（おぼ）しける。官位（つかさくらゐ）の短きを飽かぬことに思しめされて、権（ごん）大納言になり給ひぬ。（注1）春の中納言も、例の同じくなり給ひて、（注2）喜び申しも劣らずし給へど、（注3）及ばぬ枝の一つことに、よろづすさまじくおぼえ給ひけり。

2 神無月十日余りに、女二の宮に参り給ふ。心おごり、言へばさらなり。まづ忍びて（注4）三条院へ参り給ふ。(ア)さらぬほどの所にだにに、心殊なる用意のみおはする人なるに、ましておろかならむやは。こちたきまで薫きしめ給ひて、ひき繕ひて出で給ふ直衣姿、なまめかしく、心殊なる用意など、まことに帝の御婿と言はむにかたほならず、宮と聞こゆるとも、おぼろけならむ御かたちにては、並びにくげなる人の御さまなり。忍びたれど、(注5)御前などあまたにて出でさせ給ふに、(注6)大宮おはせましかば、いかに面立たしく思し喜ばむと、殿はまづ思ひ出で聞こえ給ふ。

3 院には、待ち取らせ給ふ御心づかひなのめならず。宮の御さまを、(イ)いつしかゆかしう思ひ聞こえ給ふに、御殿油、火ほのかにて、御几帳の内におはします火影は、まづけしうはあらじはやと見えて、御髪のかかりたるほど、めでたく見ゆ。まして、近き御けはひの、推し量りつるに違はず、らうたげにおほどかなる御さまを、心落ちゐて、(注7)思ひの外に近づき寄りたりし道の迷ひにも、よそへぬべき心地する人ざまにおはしますにも、まづ思ひ出でられて、B いかなる方にかと、人の結ばむことさへ思ひつづけらるるぞ、我ながらうたてと思ひ知らるる。

4 明けぬれば、いと疾く出で給ひて、やがて御文奉り給ふ。

「今朝はなほしをれぞまさる女郎花いかに置きける露の名残ぞ

(注8)いつも時雨は」とあり。御返しそのかし申させ給へば、いとつつましげに、ほのかにて、

「今朝のみやわきて時雨れむ女郎花霜がれわたる野辺のならひを」

とて、うち置かせ給へるを、包みて出だしつ。御使ひは女の装束、細長など、例のことなり。御手などさへ、

なべてならずをかしげに書きなし給へれば、待ち見給ふも、よろづに思ふやうなりと思すべし。

5 かくて三日過ぐして、殿へ（注9）入らせ給ふ儀式、殊なり。寝殿の渡殿（わたどの）かけて、御しつらひあり。女房二十人、童（わらは）四人、下仕へなど、見どころ多くいみじ。女宮の御さま、のどかに見奉り給ふに、いみじう盛りに調ひて、思ひなしも気高く、らうらうじきもののなつかしげに、（ウ）<u>おくれたるところなくうつくしき人のさまにて</u>、御髪は袿（うちき）の裾にひとしくて、影見ゆばかりきらめきかかりたるほどなど、限りなし。人知れず心にかかる木幡の里にも並び給ふべしと見ゆるに、御心落ちゐて、いとかひありと思したり。

（注）
1 春の中納言――男君のライバル。女二の宮との結婚を望んでいた。
2 喜び申し――官位を授けられた者が宮中に参上して感謝の意を表すること。
3 及ばぬ枝――女二の宮との結婚に手が届かなかったことを指す。
4 三条院――女二の宮と院の住まい。女二の宮の結婚が決まった後、帝の位を退いた院は、この邸（やしき）で女二の宮と暮らしている。
5 御前――ここでは、貴人の通行のとき、道の前方にいる人々を追い払う人。
6 大宮――男君の亡き母宮。
7 思ひの外に近づき寄りたりし道の迷ひ――前年の春に出会って以来、男君が恋心を抱き続けている木幡の姫君のことを指す。
8 いつも時雨は――「神無月いつも時雨は降りしかどかく袖ひつる折はなかりき」という和歌をふまえる。
9 殿――男君の住む邸宅。

問1　傍線部(ア)〜(ウ)の解釈として最も適当なものを、次の各群の①〜⑤のうちから、それぞれ一つずつ選べ。

(ア)　さらぬほどの所

① たいして重要でない場所
② 立ち去りがたく思う場所
③ ことさら格式張った場所
④ あまりよく知らない場所
⑤ 絶対に避けられない場所

(イ)　いつしかゆかしう

① いつ見られるかと
② こっそり覗(のぞ)こうと
③ 早く目にしたいと
④ 焦って調べようと
⑤ すぐ明白になると

(ウ) おくれたるところなく

① 未熟なところがなく
② 物怖(ものお)じするところがなく
③ 流行から外れることなく
④ 時間にいい加減ではなく
⑤ 無遠慮なところがなく

(ア)	(イ)	(ウ)

問2　傍線部A「ものの嘆かしさの紛るばかりに見なし聞こえばやとぞ思しける」は男君の心情を述べたものだが、その文法と内容に関わる説明として最も適当なものを、次の①～④のうちから一つ選べ。

①「ものの」は、接頭語「もの」に格助詞「の」が接続したもので、このまま女二の宮と結婚しても良いのだろうかという迷いをそれとなく表している。

②「紛るばかりに」は、動詞「紛る」に程度を表す副助詞「ばかり」が接続したもので、木幡の姫君への思いが紛れるくらいにという意味を表している。

③「見なし聞こえばや」は、複合動詞「見なし聞こゆ」に願望を表す終助詞「ばや」が接続したもので、女二の宮に会ってみたいという願いを表している。

④「思しける」は、尊敬の動詞「思す」に過去の助動詞「けり」が接続したもので、いつのまにか女二の宮に恋をしていたことに対する気づきを表している。

問3　1～3段落の登場人物に関する説明として最も適当なものを、次の①～⑤のうちから一つ選べ。

① 春の中納言は、男君と同時期に権大納言に昇進したものの、女二の宮の結婚相手を選ぶ際には一歩及ばず、男君にあらためて畏敬の念を抱いた。

② 春の中納言は、女二の宮と結婚することを諦めきれなかったので、すべての力を注いで女二の宮を奪い取ろうという気持ちで日々を過ごしていた。

③ 関白は、女二の宮との結婚に向けて三条院に参上する息子の立派な姿を見て、亡き妻がいたらどんなに誇らしく喜ばしく感じただろうと思った。

④ 院は、これから結婚しようとする娘の晴れ姿を見るにつけても、娘が幼かったころの日々が思い出され、あふれる涙を抑えることができなかった。

⑤ 院は、女二の宮の結婚相手にふさわしい官位を得るように男君を叱咤(しった)激励し、院と女二の宮が住む三条院に男君が訪れた際も、あえて厳しく接した。

□

問4　[4]・[5]段落の内容に関する説明として最も適当なものを、次の①～④のうちから一つ選べ。

① 男君は逢瀬(おうせ)の後の寂しさを詠んだ歌を贈ったが、女二の宮は景色だけを詠んだ歌を返して、男君の思いに応えようとしなかった。男君は、本心を包み隠し続ける女二の宮に対して、まだ自分に遠慮しているようだと思った。

② 女二の宮のもとを訪れた男君は、翌朝、女二の宮への思いをつづった手紙を送った。女二の宮からの返歌は、男君の手紙の言葉をふまえたもので、内容・筆跡ともに素晴らしく、理想にかなう女性と結婚できたと男君は満足した。

③ 結婚に前向きでなかった男君は、実際に女二の宮に会ってみると、その髪の美しさや容姿の素晴らしさに思いがけず心惹(ひ)かれた。そこで、女二の宮とこのまま結婚生活を続けて、密(ひそ)かに木幡の姫君とも関係を持とうと考えた。

④ 女二の宮は、身の回りの世話をする女房・童たち、そして豪華な嫁入り道具とともに男君のもとへ嫁いだ。結婚の儀式が盛大に執り行われる中、男君と木幡の姫君の関係を察していた女二の宮は、この結婚の先行きに不安を感じた。

□

問5　Nさんのクラスでは、授業で本文を読んだ後、本文の表現について理解を深めるために、教師から配られた**【学習プリント】**をもとに、グループで話し合うことになった。このことについて、後の(i)・(ii)の問いに答えよ。

【学習プリント】

傍線部B「いかなる方にかと、人の結ばむことさへ思ひつづけらるるぞ、我ながらうたてと思ひ知らるる」の「人の結ばむこと」は、以下にあげる『伊勢物語』の和歌Iをふまえた表現です。

むかし、男、妹のいとをかしげなりけるを見をりて、

I　うら若みねよげに見ゆる若草を人の結ばむことをしぞ思ふ

と聞こえけり。返し、

II　初草のなどめづらしき言の葉ぞうらなくものを思ひけるかな

［ステップ1］　和歌Iの「うら若みねよげに見ゆる若草」には、「引き結んで枕にすれば、いかにも寝心地が良さそうな若草」という意味がありますが、ほかに別の意味が込められています。それ

が何かを示して、兄（ここにあげた『伊勢物語』の本文では「男」）が妹に何を伝えたかったかを話し合ってみましょう。

［ステップ2］ステップ1での話し合いをふまえて、傍線部**B**に表現された男君の心情について話し合ってみましょう。

(i) Nさんのグループでは［ステップ1］の話し合いを行い、その結果を次のように【ノート】にまとめた。空欄 X ・ Y に入る内容の組合せとして最も適当なものを、次の①～④のうちから一つ選べ。

【ノート】

・和歌Ⅰは愛らしい妹を見て詠んだ歌なので、「若草」は妹のことを指していると思われる。
・「人」が「若草」を「結ばむこと」には、 X という意味が重ねられている。

・和歌Ⅱは妹からの返歌で、「などめづらしき言の葉ぞ」には、和歌Ⅰの内容に対する驚きが表れている。
・「うらなくものを思ひけるかな」は、自身が兄の気持ちにこれまで気づいていなかったことを示している。

・和歌Ⅰを通して兄が伝えたかったことは Y であると考えられる。

① X —自分ではなく他人が妹と結婚すること　Y —妹への恋心

② X —親が妹の将来の結婚相手を決めること　Y —妹への祝福

③ X —自分が妹を束縛して結婚させないこと　Y —妹への執着

④ X —妹がまだ若いのに結婚してしまうこと　Y —妹への心配

□

(ii) Nさんのグループでは、[ステップ2]の話し合いを行い、その結果を教師に提出した。傍線部**B**に表現された男君の心情として最も適当なものを、次の①〜④のうちから一つ選べ。

①　自分が女二の宮と結婚したことで、妹である木幡の姫君の結婚に意見を言う立場ではなくなったので、これを機に妹への思いを諦めようとしている。

②　妹と釣り合う相手はいないと思っていたが、女二の宮との結婚後は、兄として木幡の姫君の結婚を願うようになり、自らの心境の変化に呆(あき)れている。

③　女二の宮と結婚しても妹である木幡の姫君への思いを引きずっており、妹の将来の結婚相手のことまで想像してしまう自分自身に嫌気がさしている。

④　娘の結婚相手として自分を認めてくれた院の複雑な親心が理解できるようになり、妹である木幡の姫君が結婚する将来を想像して感慨に耽(ふけ)っている。

□

源氏物語 ―紅葉賀(もみじのが)―

◆次の文章は『源氏物語』「紅葉賀(もみじのが)」巻の一節である。しばらく宮中にいた光源氏(ひかるげんじ)が、久しぶりに自邸である二条院に戻り、西の対(たい)にいる若紫(わかむらさき)（のちの紫の上。当時十一歳。本文では「女君」・「姫君」）に会いに行く場面である。これを読んで、後の問い（問1〜6）に答えよ。（配点　45）

例の、なぐさめには、西の対にぞ渡り給(たま)ふ。しどけなくうちふくだみ給へる(注1)鬢茎(びんぐき)、あざれたる袿(うちき)姿にて、笛を(ア)なつかしう吹きすさびつつ、のぞき給へれば、女君、ありつる(注2)花の、露に濡(ぬ)れたる心地して、添ひ臥(ふ)し給へる様、うつくしうらうたげなり。愛敬(あいぎやう)こぼるるやうにて、おはしながらとくも渡り給はぬ、なま恨めしかりければ、例ならず、Aそむき給へるなるべし。端(はし)の方(かた)につい居て、「こちや」とのたまへど、おどろかず。「B(い)入りぬる磯(いそ)の」と口ずさびて、口おほひし給へる様、いみじう(注3)ざれて、うつくし。「aあな、にく。かかること口馴(な)れ給ひにけりな。Cみるめに飽くは、まさなき事ぞよ」とて、人召して、御琴(こと)取り寄せて、b弾かせ奉り給ふ。「筝(さう)(注4)の琴は、中の細緒(ほそを)の堪(た)へがたきこそ、ところせけれ」とて、平調(注5)におし下(くだ)して、調べ給ふ。

cかき合(あ)はせばかり弾きて、さしやり給へれば、え怨(ゑん)じも果てず、いとうつくしう弾き給ふ。小さき御程に、さしやりて、揺(ゆ)し給ふ御手つき、いとうつくしければ、らうたしと思(おぼ)して、笛吹き鳴らしつつ、教へ給ふ。いとさとくて、難(かた)き調子どもを、ただ一わたりに、習ひ取り給ふ。大方らうらうじう、をかしき御心ばへを、思ひ(注6)し事、かなふと思す。(注7)保曾呂俱世利(ほそろぐせり)といふものは、名は憎けれど、おもしろう d吹きすまし給へるに、かき合はせ、まだ若ければ、拍子たがはず、上手めきたり。

大殿油(おほとなぶら)参りて、絵どもなど御覧ずるに、(注8)出(い)で給ふべしとありつれば、D人々、声(こわ)づくり聞こえて、「雨降りはべりぬべし」など言ふに、姫君、例の心細くて屈(く)し給へり。絵も見さしてうつ伏しておはすれば、いとらうたくて、御髪(みぐし)の、いとめでたくこぼれかかりたるを、かき撫(な)でて、「ほかなる程は、恋しくやある」とのたまへば、うなづき給ふ。

「我も、一日(ひとひ)も見奉らぬはいと苦しうこそ。eされど、幼くおはする程は、(イ)心やすく思ひ聞こえて、まづ、(注9)くねくねしく恨むる人の心破らじと思ひて、むつかしければ、しばしかくも歩(あり)くぞ。おとなしく見なしては、他へもさらに行くまじ。人の恨み負はじなど思ふも、世に長うありて、思ふさまに見え奉らむと思ふぞ」など、こまごまと語らひ聞こえ給へば、さすがに恥づかしうて、Eともかくもいらへ聞こえ給はず。

(注) 1 うちふくだみ給へる鬢茎、あざれたる袿姿にて――膨らんだ感じになっていらっしゃる髪の毛筋、くつろいだ袿姿で。「袿」は、女性の普段着。正装のときは上に唐衣(からぎぬ)などを着る。

2 ありつる花の、露に濡れたる心地して――さきほど庭先で見た撫子(なでしこ)の花が、露に濡れた風情そのままで。

3 いみじうざれて――とても大人ぶっていて。

4　箏の琴は、中の細緒の堪へがたきこそ、ところせけれ――箏の琴は、中の細い弦が切れやすいのが、面倒だ。「箏の琴」は、十三弦の琴。
5　平調におし下して、調べ給ふ――低い調子に下げて、調子を整えなさる。
6　思ひし事、かなふ――若紫を理想どおりの女性に養育しようとした望みが、かなう。
7　保曾呂倶世利――雅楽の曲名。
8　出で給ふべし――光源氏は、今日は出かけるつもりであると、あらかじめ家来たちに伝えていた。
9　くねくねしく恨むる人――恨み言を言う女性。

問1　傍線部(ア)・(イ)の解釈として最も適当なものを、次の各群の①～⑤のうちから、それぞれ一つずつ選べ。

(ア)　なつかしう
① 思い出深く
② 古風に
③ 上品に
④ 親しみ深く
⑤ 静かに

(イ) 心やすく思ひ聞こえて

① 申し訳ないとお思い申し上げて
② 気楽にお思い申し上げて
③ 不安な思いを聞きたくなくて
④ つらく思っていると聞こえてきて
⑤ 安心だという気持ちを申し上げて

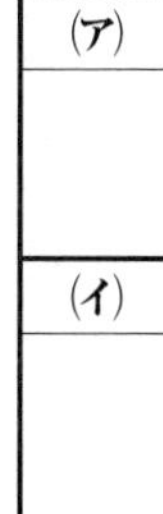

問2　波線部a～eの語句と表現に関わる説明として最も適当なものを、次の①～⑤のうちから一つ選べ。

① a「あな、にく」の「にく」は形容詞「憎し」の語幹で、若紫の返答に対する、光源氏の心情を表している。

② b「弾かせ奉り給ふ」の「奉り」は光源氏への、「給ふ」は若紫への敬意を示している。

③ c「かき合はせばかり弾きて」の「せ」は使役の助動詞「す」の連用形で、若紫にばかり琴を弾かせている様子を表している。

④ d「吹きすまし給へるに」の「る」は可能の助動詞「る」で、光源氏が笛を上手に吹くことができることを表している。

⑤ e「されど」の「され」は動詞「去る」の已然形で、光源氏が若紫のもとを離れることを表している。

問3　傍線部A「そむき給へるなるべし」とあるが、女君が光源氏にそのような行動をとったのはなぜか。その理由として最も適当なものを、次の①～⑤のうちから一つ選べ。

① 光源氏が自由に外出しているのに、自分は気軽に外出できないことが、恨めしいと思ったから。
② 光源氏が帰って来ているのに、すぐに自分が会いにいけない立場であるのが、面白くなかったから。
③ 光源氏が宮中から帰って来たにもかかわらず、すぐに自分に会いに来ないことが、不満だったから。
④ 光源氏が宮中からなかなか戻らず、自分に会いに来てくれないことが、とても残念だったから。
⑤ 光源氏がくだけた服装で会いに来たので、自分を軽んじていると思い、ひどく悲しかったから。

□

問4　次に示すのは、傍線部**B**「入りぬる磯の」、傍線部**C**「みるめに飽くは、まさなき事ぞよ」に関して、生徒と教師が交わした会話の様子である。会話中にあらわれる古歌や、それをふまえた傍線部**B**と**C**の解釈として、会話の後に六人の生徒から出された発言①〜⑥のうち、適当なものを**二つ**選べ。ただし、解答の順序は問わない。

生徒　先生、この「入りぬる磯の」と「みるめに飽くは、まさなき事ぞよ」という、女君と光源氏のやりとりの部分の意味がよくわからないのですが、どう解釈すればよいのですか。

教師　難しい部分だね。「入りぬる磯の」の部分は、『万葉集』の

潮満(み)てば入りぬる磯の草なれや見らく少なく恋ふらくの多き

という古歌に基づく表現なんだ。歌の一部分だけを引用しているんだけれど、そこに歌全体の意味が引き込まれてくるんだよ。このような技法を「引き歌」と言うんだ。難しい歌だから少しヒントを出しておこうね。「見らく」は「会うこと」、「恋ふらく」は「恋しいこと」という意味だよ。

生徒　では、先生。「みるめに飽くは、まさなき事ぞよ」という部分も、「引き歌」の技法で、別の古歌からの引用なんですか。

教師　そこは、「みるめに飽くは」の部分が、『古今和歌集』の

伊勢(いせ)の海人(あま)の朝な夕なに潜(かづ)くてふみるめに人を飽くよしもがな

という古歌をふまえているんだよ。やはり、歌の一部分だけを引用しているんだけど、そこに歌全体の意味が引き込まれているんだ。「みるめ」は海藻のことを指す「海松布（みるめ）」と、「会うこと」という意味の「見る目」の意味が掛かっているんだ。

生徒 なるほど。もとになっている歌を知らないと理解ができない部分なんですね。

教師 そうだね。それでは、この場面をきちんと理解するために、傍線部**B**と**C**の、それぞれの古歌をふまえた上での解釈について、みんなで意見を出し合ってごらん。

① 生徒A――もとの古歌が、「見らく少なく恋ふらくの多き」と詠んでいるのだから、女君が光源氏に対して、「会う機会が少なくなってしまうと、私は別の人に恋をする可能性が高くなりますよ」と、伝えたんだと思う。

② 生徒B――そうかなあ。その部分は「会うことが少なく恋しいことが多い」という意味だと思う。女君が「光源氏に会えなくて恋しく思うことが増えた」と言っているのではないのかなあ。なかなか会いに来てくれなかったことに対して、不満を訴えているんだよ。

③ 生徒C――私は、Aさんの意見がいいと思う。女君は光源氏に、他の人に気持ちが移るかもしれないと伝えることで、気をひこうとしているんだよ。「潮満てば」は「満潮になったのだから」という意味で、「自分はもう一人前の大人の女性だから子ども扱いしないでほしい」と言っているんだよ。

④　生徒D――私はBさんの考えに賛成だな。会いに来てくれなかった不満を、引き歌を利用して訴えた女君に対して、光源氏の方も、引き歌を利用して「満足するまで会いたいなんて考えるのはよくないことだよ」と、しゃれた対応をしているんだよ。

⑤　生徒E――私は「見らく少なく恋ふらくの多き」の解釈は、Aさんの意見が正しいと思うし、光源氏の発言に関してもDさんとは違う意見だなあ。「みるめに人を飽くよしもがな」は、「好きな人でも会えないと飽きてしまうものだよね」という意味だよ。女君の発言に対して、「君がそう思ってしまうのも当たり前だよね」と、同調しているんだよ。

⑥　生徒F――私は「見らく少なく恋ふらくの多き」の解釈は、Bさんの考えでよいと思うけど、光源氏の発言に関する考えは、DさんともEさんとも違うなあ。会えなくて寂しかったと訴えてきた女君に対して、「今日は見飽きるほど存分に会えますね」と、言っているんだと思う。

問5 傍線部**D**「人々、声づくり聞こえて、『雨降りはべりぬべし』など言ふに、姫君、例の心細くて屈し給へり」の表現とその効果に関わる説明として最も適当なものを、次の①～⑤のうちから一つ選べ。

① 「人々」とは、絵を鑑賞している光源氏と若紫のことである。

② 「声づくり聞こえて」は、「大きな声が聞こえて」という意味である。

③ 「雨降りはべりぬべし」は、「雨は降りそうもありません」という意味である。

④ 「姫君」と、「女君」から呼び方を変えることにより、まだまだ幼い若紫の姿を浮き立たせている。

⑤ 「心細くて」ではなく「例の心細くて」とする表現には、若紫の心細さを強く伝える効果がある。

問6　傍線部E「ともかくもいらへ聞こえ給はず」とあるが、その説明として最も適当なものを、次の①～⑤のうちから一つ選べ。

① 光源氏が、お別れがつらいので今日の外出はやめておくと言ってくれたことに対して、姫君が、うれしさのあまり何も言えなくなっている。

② 光源氏が、恨み言を言う女性との関係を絶つのが難しいと他の女性の話をしたことに対して、姫君が、恥ずかしくなり何も言えなくなっている。

③ 光源氏が、あなたが大きくなったら常に一緒に外出をしようと優しく諭してくれたことに対して、姫君が、自分の幼稚な言動を恥じ何も言えなくなっている。

④ 光源氏が、女性らしく優雅にふるまえるようになったら自分と結婚すると約束をしてくれたことに対して、姫君が、今までの言動を恥じ何も言えなくなっている。

⑤ 光源氏が、将来あなたと思う存分過ごしたいからこそ今日は外出すると丁寧に話してくれたことに対して、姫君が、自分の幼い言動を恥じ何も言えなくなっている。

宇治拾遺物語／古本説話集／大和物語

オリジナル問題

解答 ▼別冊22ページ

◆次の【文章Ⅰ】は、鎌倉時代の説話集である『宇治拾遺物語』の一節で、季縄の少将に関する話である。【文章Ⅱ】は、平安～鎌倉時代の説話集である『古本説話集』から、【文章Ⅲ】は、平安時代の歌物語である『大和物語』からの一節で、【文章Ⅰ】と同じ季縄の少将に関する話である。これらを読んで、後の問い（問1～6）に答えよ。（配点 45）

【文章Ⅰ】

今は昔、季縄少将といふ人ありけり。病つきて後、少し怠りて、内に参りたりけり。(注1)公忠弁の、掃部助にて蔵人なりけるころのことなり。「乱り心地、まだよくも怠り侍らねども、(注2)心もとなくて参り侍りつる。後は知らねど、かくまで侍れば、明後日ばかりに、また参り侍らん。よきに申させ給へ」とてまかり出でぬ。三日ばかりありて、少将のもとより、

(ア)くやしくぞ後にあはんと契りける今日を限りと言はましものを

さて、その日失せにけり。あはれなることのさまなり。

（注）1　公忠弁の、掃部助にて――「公忠」は、源（みなもとの）公忠のこと。「掃部助」は、宮中の清掃・管理にあたった掃部寮の次官。
2　心もとなくて――宮中での職務が「心もとなくて」の意。

【文章Ⅱ】

この季縄、病づきて、少し怠りて、内裏（うち）に参りたりけり。公忠弁、掃部の助にて、蔵人なりけるころのことなり。「乱り心地、いまだよくも怠り侍らねども、心もとなくて、参り侍りつる。後は知らねど、かくまで侍ること。明後日ばかりまた参り侍らん。よき様（やう）に申させ給へ」とてまかり出でぬ。三日ばかりありて、少将がもとより、

　くやしくぞ後にあはんと契りける今日を限りと言はましものを

さて、その日失せにけりとぞ。あはれなることのさまなり。

【文章Ⅲ】

同じ季縄の少将、病にいといたうわづらひて、少し怠りて、内に参りたりけり。近江(あふみ)の守(かみ)公忠の君、掃部助にて蔵人なりけるころなりけり。その掃部の助に会ひて言ひけるやう、「乱り心地はまだ怠りはてねど、いとむつかしう、心もとなく侍ればなむ参りつる。後は知らねど、かくまで侍ること。まかり出でて明後日ばかり参り来む。よきに奏し給へ」など言ひ置きてまかでぬ。三日ばかりありて、少将のもとより、文をなむおこせたりけるを見れば、

くやしくぞのちにあはんと契りける今日を限りと言はましものを

とのみ書きたり。いとあさましくて、涙をこぼして使ひに問ふ。「(イ)いかがものし給ふ」と問へば、使ひも、「いと弱くなり給ひにたり」と言ひて泣くを聞くに、さらにえ聞こえず。「みづから、(ウ)ただ今参りて」と言ひて、里に車取りにやりて待つほど、いと心もとなし。近衛(このゑ)(注3)の御門(みかど)に出で立ちて、待ちつけて乗りて馳(は)せ行く。

五条にぞ少将の家あるに行き着きて見れば、(エ)いといみじう騒ぎののしりて、門さしつ。死ぬるなりけり。消息(せうそこ)言ひ入(い)るれど、何のかひなし。いみじう悲しくて、泣く泣く帰りにけり。かくてありけることを、上(かむ)(注4)のくだり奏しければ、帝(みかど)もかぎりなくあはれがり給ひける。

（注）3　近衛の御門――陽明門。大内裏の東側、北から二番目の門。

4　上のくだり――以上の内容を。

問1 傍線部(ア)「くやしくぞ後にあはんと契りける今日を限りと言はましものを」の歌の説明として**適当でないものを**、次の①〜⑤のうちから一つ選べ。

① 「契りける」の直後で切れる三句切れの歌である。

② 掛詞(かけことば)や縁語は用いられていない。

③ 「まし」は「〜すればよかったのに」という反現実的な願望を表している。

④ 病気が回復せずに悔しいという季縄の思いが込められている。

⑤ 過去の自分の行動に対する後悔を詠んだ歌である。

問2 **【文章Ⅲ】**の二重傍線部「乱り心地は〜よきに奏し給へ」では、同じ内容が**【文章Ⅰ】**・**【文章Ⅱ】**よりも詳しく描かれている。この部分の表現とその効果に関わる説明として最も適当なものを、次の①〜⑤のうちから一つ選べ。

① 「怠りはてねど」という表現は、季縄の病状が実際は回復に向かっている状況を表している。
② 「いとむつかしう」という表現は、季縄の病気の回復が困難であることを暗示している。
③ 「心もとなく侍ればなむ参りつる」の係助詞「なむ」は、季縄が宮中にわざわざ来たことを強調している。
④ 「まかり出でて」という表現は、季縄の早く退席したいという気持ちを鮮明にしている。
⑤ 「よきに奏し給へ」の「奏し」は、季縄が申し上げてほしいと思っている相手を明確にしている。

□

問3　傍線部(イ)「いかがものし給ふ」についての説明として最も適当なものを、次の①～⑤のうちから一つ選べ。

① 「ものし給ふ」の主語は公忠である。
② 少将の使いを気遣う公忠の心情を表している。
③ 「給ふ」は、尊敬の補助動詞の終止形である。
④ 「ものし」は、季縄の現在の状態をはっきり書きたくない作者の心情を表している。
⑤ 公忠から季縄への敬意が示されている。

□

問4 傍線部(ウ)「ただ今参りて」とあるが、直後に補うことのできる表現として最も適当なものを、次の①～⑤のうちから一つ選べ。

① さまを知らせばや
② さまを知らなむ
③ さまを聞かせむ
④ さまを見奉らむ
⑤ さまを見給ふかな

□

問5 傍線部(エ)「いといみじう騒ぎののしりて、門さしつ」の解釈として最も適当なものを、次の①～⑤のうちから一つ選べ。

① 人々がたいそう口汚くわめいて、門に鍵をかけてしまった。
② 人々がたいそう大騒ぎをして、門を閉ざしてしまった。
③ 人々がひどく大騒ぎをして、門の中を指さして泣いていた。
④ 人々がひどく罵倒してきて、門の中に入ってしまった。
⑤ 人々がたいそう右往左往して、門の付近で嘆いていた。

□

問6 【文章Ⅰ】～【文章Ⅲ】の内容に関する説明として**適当でないもの**を、次の①～⑤のうちから一つ選べ。

① 季縄が宮中に参上したとき、自分の病状を把握しきれていなかったらしいことは、【文章Ⅰ】、【文章Ⅱ】、【文章Ⅲ】の、すべての文章から読み取ることができる。

② 【文章Ⅰ】よりも【文章Ⅱ】の方が、人から伝え聞いた話であるということが、よりわかる書き方がされている。

③ 季縄が「くやしくぞ……」の歌を贈った相手は、【文章Ⅰ】、【文章Ⅱ】、【文章Ⅲ】で、同一人物として描かれている。

④ 【文章Ⅲ】を読むことで、【文章Ⅰ】と【文章Ⅱ】ではわからなかった季縄に対する公忠と帝の思いを読み取ることができる。

⑤ 帝のことが【文章Ⅰ】と【文章Ⅱ】に書かれていないのは、帝の特定の人物に対する寵愛(ちょうあい)を知られないようにするための作者の配慮だったと【文章Ⅲ】からわかる。

オリジナル問題
解答 ▼ 別冊30ページ

◆次の【文章】は、鎌倉時代に書かれた軍記物語である『平治物語』の一節である。常葉（ときわ）は左馬頭（さまのかみ）である源義朝（みなもとのよしとも）の側室であるが、義朝は平治の乱で敗北し、逃亡中に殺害された。本文はそれに続く場面である。これを読んで、後の問い（問1～3）に答えよ。なお、設問の都合で本文の段落に1～5の番号を付してある。（配点　45）

【文章】

1 九条院（くでうのゐん）(注1)雑仕（ざふし）常葉が腹に、子供三人あり。幼（をさな）けれども、みな男子（なんし）なれば、「さてはあらじものを」(注2)など、世の人、申しあへり。

2 常葉、このことを聞きて、「われ左馬頭に後（おく）れて嘆くだにもあるに、この子供を失はれては、(ア)片時（へんし）も生きてやはあるべき。いとけなき者ども引き具（ぐ）して、かなはぬまでも身をかくさん」と思ひ立つ。老いたる母のあるにも知らせず、召し使ふ女もあまたあれども、頼みがたきは人の心なれば、それにも知らせず、夜に紛（まぎ）れて迷ひ出（い）づ。兄は今若（いまわか）とて八つになる。中は乙若（をとわか）とて六つ、末（すゑ）は牛若（うしわか）とて二歳なり。大人（おとな）しきをば先に立てて歩（あゆ）

ませ、牛若をば胸に抱きて宿所をば出でぬ。心のやるかたもなさには立ち出でぬれど、行く末はいづくとも思ひわかず、足にまかせて行くほどに、としごろ心ざしを運びける験にや、清水寺(注3)へこそ参りたれ。

3 その夜は、観音の御前に通夜(注4)す。二人を左右のかたはらに伏せて、衣の褄を着せ、幼きを懐に抱きて、夜もすがら泣かせじとこしらへける、心の中いふはかりなし。常葉は、「三人の子供が命、助けさせ給へ」と、祈るより外、また心にかけて申すことなし。夜もすがら、泣きくどき祈り申せば、観音も(イ)いかに憐れみ給ふらんとぞ覚えし。

4 暁深く、師の坊へぞ行きにける。湯漬け(注5)などして勧めけれども、常葉、胸ふさがりて、いささかも見ざりけり。子供をば、とかくすかして食はせてけり。日ごろ参りし時は、さも尋常(注6)なる乗り物、下部・牛飼もはなやかに出で立ちて供せしかば、まことに左馬頭が最愛の志もあらはれて、ゆゆしくこそ見えしに、今は人にあやしめられじとて、身にはかばかしき衣装をも着ず、いとけなき子供引き連れて、泣きしほれたるありさま、目もあてられず、師も涙をぞ流しける。「雪の晴れ間までは、(ウ)しのびてもおはせかし」と言ひければ、「うれしくは聞こゆれど、この寺は、六波羅(注7)近きあたりなれば、いかにも悪しかるべし。今は仏神の御助けならでは、また、頼もしき方も候はず。観音にも、よくよく祈り申し給へよ」とて、卯の時に清水寺を出でて、大和大路(注8)に歩み出で、いづくをさすとしもなけれども、南へ向かひてぞ歩み行く。

5 ころは二月十日の曙なれば、余寒なほ尽きせず。音羽川(注9)の流れも氷りつつ、嶺の嵐もいとはげし。道の氷柱もとけぬが上に、また、かきくもり雪降れば、行くべき方も見えざりけり。子供、しばしは母にすすめられて歩めども、後(のち)には足腫(は)れ血出でて、ある時は倒れ臥(ふ)し、ある時は雪の上に居て、「寒や冷たや、こはいかがせん」と泣き悲しむ。母ひとり、これを見けん心の中、いふはかりなし。子供泣く声のたかき時は、敵(かたき)や聞くらんと肝(きも)を消し、行きあふ人の、「こはいかに」と憐れみ尋(とぶら)ふも、うき心ありてや問ふらんと、魂(たましひ)をまどはす。

（注）
1　九条院雑仕――「九条院」は、近衛(このえ)天皇の中宮。「雑仕」は、雑役を務める女官。
2　さてはあらじものを――そのままではすまないだろうことよ。殺されるであろうということ。
3　清水寺――京都市東山区にある寺。本尊は十一面千手観音菩薩(ぼさつ)像。
4　通夜す――寺社にこもって夜どおし祈願する。
5　湯漬け――乾飯(ほしいい)に湯をかけたもの。寒いときに食べる。
6　尋常なる――立派な。
7　六波羅――平氏一門の政権の本拠地。平氏一門の屋敷が並んでいた。
8　大和大路――六波羅の平氏一門の屋敷群を通る道。
9　音羽川――清水寺の背後にある音羽山から流れ出る川。

問1 傍線部(ア)〜(ウ)の解釈として最も適当なものを、次の各群の①〜⑤のうちから、それぞれ一つずつ選べ。

(ア) 片時も生きてやはあるべき

① ほんのわずかな時間でも生きているべきだ
② ほんのわずかな時間でも生きていてほしい
③ ほんのわずかな時間も生きていることはできない
④ ほんのわずかな時間は生きていられるだろう
⑤ ほんのわずかな時間なら生きていたい

(イ) いかに憐れみ給ふらん

① 何とかして憐れみをいただきたい
② どうして憐れみなさったのだろうか
③ さぞかし憐れみなさっているだろう
④ けっして憐れみくださるはずはない
⑤ どんなにか憐れんでおりますだろう

(ウ) しのびてもおはせかし

① 遠慮しないでここにいてかまわないのですよ
② 人目をはばかってここにいらっしゃいよ
③ 故人を偲(しの)んでしばらくここにいなさいよ
④ 悲しみに耐えてここでお仕えするとよいよ
⑤ 心を込めてここで故人を悼(いた)んでくださいよ

(ア)
(イ)
(ウ)

問2 波線部「卯の時」は、現在の何時ごろにあたるか。最も適当なものを、次の①～⑥のうちから一つ選べ。

① 午前四時ごろ　② 午前六時ごろ　③ 午前十時ごろ
④ 正午ごろ　⑤ 午後四時ごろ　⑥ 午後八時ごろ

問3　Mさんのクラスでは本文を学んだ後、『平治物語』の研究者による本文の解説を学習した。次に示す【解説文】を読んで、後の(i)〜(iii)の問いに答えよ。

【解説文】

軍記物語に多くある女性譚(たん)の中でも、この常葉の話は文学的に最高のものと、私は思っております。前半の都落ちの話は、時間の推移と共にゆれる彼女の心理が、きめ細かくたどられます。そこに着目しながら、読み進めて参りましょう。

世間のうわさを耳にした彼女は、いたたまらず我が家を後にします。「片時も生きてやはあるべき」という言葉は、子供達(たち)への強い愛情を、「かなはぬまでも」は悲痛な決意を、そして、「頼みがたきは人の心」は、人を信じられない孤独な内面を、それぞれ表しております。特にA「頼みがたきは人の心」と思いつめた心境が、以後の物語展開のベースになっていきます。今はそれが、ただ一人の肉親である年老いた母にすら何事も告げず家出する行為に、示されていることになるわけです。

常葉はどうしようもない気持(きもち)で我が家を出たのですが、行く当てもありませんでした。ただ足にまかせて歩むうちに、常日頃、深く信仰していたからでしょうか、通いなれた清水寺にたどり着いたといいます。清水寺の本尊は十一面千手観音、女性の信仰を集めた寺でした。

その夜は、観音の前で通夜をいたします。二人の子を左右に伏させて着物の裾をかけてやり、牛若は懐に抱いて泣かせまいと夜通しあやしました。常葉はただひたすら「三人の子供が命、助けさせ給へ」と祈るばかり。悲壮な、痛ましい願いでありました。

清水寺は確かに六波羅のすぐ近く。考えてみれば、大変な危険を冒してやって来ていたのです。それほどまで清水への信仰が篤（あつ）かったと、物語は言いたいのでしょう。

さて、夜が明けて朝早く、彼女は、師と仰いでいた僧の住む建物に出向きます。ありがたい誘いに感謝しつつ、それを断る常葉は、今となっては「仏神の御助け」以外に頼みになるものは何もない、と言います。人の心は弱いもの、つかまって拷問されれば、かくまっていることを白状するのは目に見えている。「頼みがたきは人の心」と思いつめていた気持が、この「仏神の御助けならでは」という言葉に表れているのです。もちろん、表面上、「六波羅近きあたり」であることが断る理由にあげられておりますが、心の奥底が、こうした気持でつながっていることを見落としてはならないでしょう。ですから、「よくよく祈り申し給へよ」と、そのことだけを師に頼むのです。

子供達は、厳しい寒さの中、しばらくは母に励まされて歩んでいましたが、やがては足が腫れあがり血が出て、あるいは倒れ臥し、あるいはしゃがみ込んで、「寒い、冷たい」と言って泣き悲しむ。「母ひとり、これを見けん心の中」とある、その「ひとり」の語が、孤独な、他に頼る者のいない常葉の姿を鮮明にさせます。<u>B彼女の気持は、張り詰めたままでした。</u>

（日下力（くさかつとむ）『平治物語』による。）

（ⅰ）傍線部**A**「『頼みがたきは人の心』と思いつめた心境」とあるが、常葉の心境を語った一文として、**【文章】**の4段落に二重傍線で示した次の箇所が挙げられる。ここから読み取れる常葉の心情はどのようなものか。正しい組合せとして最も適当なものを、後の①～⑤のうちから一つ選べ。

今は仏神の御助けならでは、また、頼もしき方も候はず。

a　仏神のご慈悲は必ずあるはずだと非常に強く期待する気持ち。
b　師であっても、決してあてにすることはできないと警戒する気持ち。
c　自分と子供たちの不幸な境遇に対し、もっと同情してほしいと願う気持ち。
d　仏神の他に誰も子供たちの命を託せるものはいないという気持ち。
e　すべては亡き義朝のせいであると、責任転嫁をせずにはいられない気持ち。
f　誰の力にも頼らず、子供たちを一人で立派に育てあげるつもりだという気持ち。
g　観音のありがたいご利益のおかげで、来世での極楽往生を確信している気持ち。

①　a　c　②　b　d　③　d　f　g　④　a　b　e　⑤　c　d　e　g

(ii) 傍線部B「彼女の気持は、張り詰めたままでした」とあるが、常葉の気持ちが「張り詰めたまま」になる原因は何か。その原因を示す表現として、**【文章】**から抜き出した次の①～⑤のうちから、適当なものを**二つ**選べ。ただし、解答の順序は問わない。

① 左馬頭に後れて
② 老いたる母のある
③ 観音の御前に通夜す
④ いとけなき子供引き連れて
⑤ 敵や聞くらん

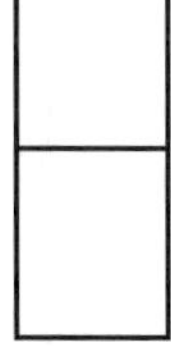

(iii) 【解説文】の表現と構成の特徴に関わる説明として最も適当なものを、次の①～⑤のうちから一つ選べ。

① 強い口調で自身の見解を押しつけているようだが、それがかえって読者が迷うことなく場面を理解することを助けている。

② 言葉の巧みな言い換えを多用することにより、場面展開に即して難解な【文章】を読者がスムーズに理解できるように工夫している。

③ 【文章】に対し、複数の解釈を提示する一方で、自身の独自の見解を提示することにより、読者が話の展開を想像しやすいようにしている。

④ 「です・ます」調のやわらかい語り口で書かれており、適宜、【文章】の語句を引用することで、常葉の心情を中心に読者が内容を理解しやすいようになっている。

⑤ 終始、読者に疑問を提示する形で展開されており、読者が考えながら【文章】を読み、話の世界に引き込まれやすいようになっている。

□

漢文

問題

漢文　学習アドバイス

問題文

基本的には「漢文」「漢詩」読解中心で、センター試験時代とさほど変わらない。だが、共通テストの新傾向として、「二つの漢文」や「漢文と漢詩」、または「漢文／漢詩」と「資料」との間を行き来しつつ「対比的に読む」形、もしくは、設問文中に提示された、漢文部分に関係した補助的文章や資料などを読み解き、「情報を組み合わせて考え、それらを運用・処理する能力を必要とする」コンセプトの設問が含まれる（イラスト付きの設問が出る可能性もあるので注意）。

▼過去の二回の試行調査、および、これまでに実施された共通テストの本試・追試では、〈情報を組み合わせて考えること〉を意識した設問は最後の一、二の設問だけであり、他は、一方の文章を読むだけで解答できる設問ばかりであった。

設問

◇総論

①古漢融合や現漢融合ではなく、「漢文」読解中心である。
基本的にはセンター試験と同様オーソドックスな設問識を確かめるような、センター試験時代にも見慣れた設問が中心になると思われる。

②また、日本語と同じ語彙でありながら、問題文の文脈との関連において、その意味を適切にとらえることが必要な設問が登場する可能性が高い。

2 読み・解釈系

①「返り点の付け方」と「書き下し文」との正しい組み合わせをたずねる設問や「書き下し文」と「解釈」の組み合わせを問う設問が中心となるだろう。

②意味の判断において、漢文の文法・単語知識だけでなく、日本語の漢字的教養力を試したり、話の筋を読み取って、文章全体との整合性を考えながら傍線部の意味をとらえる作業をも必要とする設問となっている可能性が高い。

3 文脈把握系

①内容説明や理由説明、主旨・要旨把握など、センター試験時代と基本的に変わらないオーソドックスな設問内容だと思われる。傍線部前後の文脈に即した的確な意味の判断、指示内容や省略成分、文脈的整合性を確認する必要がある――分析的読解を必要とする――点は同じである。

②これまでの共通テストと同様、最終設問として、セン

傾向で、レベル的にもそれほど変わっていない。センター試験から大きく変化した現代文と比べると、漢文はセンター試験の**オーソドックスな設問傾向**を受け継いでおり、**レベル的にも（一部を除いて）センター試験と同等**と考えてよい。

※センター試験時代の過去問も過去問演習に使える。

②文法・語彙知識確認の要素を含む設問が半分以上であり、解答に要するプロセスからして、それらについての標準レベルの知識を必要とする。

③問題文を分析的に読むことを重視した設問、すなわち、傍線部の文脈的位置の確認や傍線部の主語確定を必要とする「文脈把握型」にシフトした設問が、より多く含まれる。

④漢文の文体への慣れ、漢文世界の常識についての理解が、（センター試験時代より一層）きちんと解答を選択する手助けになると思われる。

⑤また、他の設問の正解をもとに次の設問の正解を求める（私大・2次漢文のような）リンク型設問、選択肢文の書式をあわせた横並び型選択肢と違い、文構造に統一性がない選択肢の設問も登場する可能性がある。

1 単語系

①文脈に照らした意味の選択や同義語選択、多義語や同訓異義語・多品詞多義語（別冊・P48参照）などの知

ター試験とは趣の違う設問、すなわち、単なる内容一致・不一致を問うのではなく、問題文を手がかりとし、あわせて最終設問の文中や注、前書き文（リード文）などで与えられた情報を多角的な視点から運用・処理する能力を試す設問が配される可能性が高い。

③具体的には、設問文で示された「問題文（の部分）についての論評や裏付けとなる資料」や「複数の人物の対話」を読み、登場人物の言動に表れた心情や判断、論じているテーマや筆者の主張の確認を求めるものとなる。漢文の文体に慣れている諸君に有利な設問構成になっているだろう。

※故事成語・ことわざのような比喩的表現の意味や本来の役割についての知識が役立つ設問が含まれる可能性もある。

④同じ題材を取り上げた複数の文章を読み比べ、思想や感情などの共通点や相違点を問う設問の場合、制限時間内に解答できるレベルにするために、問題文中に多くのヒントが用意されているであろう。

解答に際しての考え方

①**問題文を読み進める前に「最終設問」の内容を確認しておく。**その内容如何（いかん）によっては、全文のテーマや論の展開を意識するなど、「文脈を追いかけ確認する」という感覚を持って読み進める必要が生まれる。

②**傍線部にぶつかった瞬間に解答作業に入る。**漢文は論理的な言語である。前（直近の文の意味や以上の事の経過）を受けて、後の意味が決まる。特に読み・意味・部分の内容説明の設問は、原則として傍線部そのものの知識や傍線部までの情報などから解答できる可能性が高いからだ。一方、全部読み終わった後にまとめて解答する場合、余計な時間がかかると思ってよい。

③選択肢文の書式は原則としてあわせてあり、違いのポイントは発見しやすい。

まずは、違いのポイントによってグループ分けする。選択肢文が長い場合、**句読点を目安に選択肢文をいくつかのブロックに分け、楽に正誤の判定ができそうなブロックから確認する。**ブロック分けは容易だ。

なお、選択肢文の長さが傍線部の長さよりもずっと長い場合、前後の状況説明も含まれていることがある。その場合、まずは選択肢文中の傍線部に対応するブロックを見極める。

④選択肢文が、正誤の違いによるグループ分けができず、**内容的にばらばらな感じがする場合、自分なりの解答のイメージをつかんだ上で選択肢文を見る。**

⑤問題文冒頭の傍線部の解答に手間取る場合、解答選択を一時保留して以下を読み進み、そこで得た情報を傍線部にフィードバックして考える。

また、冒頭でなくとも、**解答に手間取る設問は、**迷答に役立つことがある。

今後の学習の心得

1 **体系的な文法・語彙知識を習得する**

2 **漢文的な文章構造や文体の特徴に慣れる**

ことをメインとしつつ、新傾向への対策として、

❶ **故事成語・ことわざを含む日本語の古典的な教養力を**充実させる。問題演習では、それらが喩（たと）えたり象徴したりしているものをとらえることに努め、文脈との整合性を考慮しつつ、問題文中での意味を考える。

❷ 前書き文（リード文）・注・選択肢（&設問文）など、与えられた情報を正確に読み取り、**多面的・多角的な視点から解釈する**ことなど、単なる暗記では対応しづらい、**情報運用能力を磨く。**

❸ 文法ポイントはもとより、指示内容・省略成分のチェックを行い、必要があれば登場人物（動物）の特徴・主張・立場を考慮しつつ、場面の転換点の確認を行うなど、**問題文を分析的に読むことにも慣れる。**

※読解のための語彙力強化として、日中異義語、多義語や同訓異義語の知識を習得する。また、意味の取れない語については、前後の場面・状況に照らして「単漢字を二字熟語に」して意味のイメージをとらえることを心がける。

※文法知識習得に最適→**『高校とってもやさしい漢文・改**

わず抜かしてもよい。というのも、共通テストでは、原則として前の設問の解答が後の設問に対する解答のヒントにはなっても、解答のための必須条件となることがないように、設問が作られているからである。

⑥共通テストは、与えられた資料を処理・運用する能力をも問うている。**前書き文（リード文）・注・選択肢（&設問文）は、解答のための重要資料と考え、きちんと目を通す。**

⑦文単位の傍線部は、設問内容如何にかかわらず基本的に正しい文法知識を必要とする。特に文の読み方系の設問では「漢文の特徴である〈対偶構造〉の一部」を傍線部にしたものが多い。

⑧語句補充問題の半数は、文法知識の確認を行っているだけである。よって、空欄前後の構造・漢字やその返り点の有無・送り仮名などをチェックすることにより解答が出てくることが多い。また、「対の視点」で空欄部分とその前後とを対比的に見て正誤を確認できることも多い。候補を代入した後、「空欄」と「空欄を含む文中の他の成分」との意味的対応、空欄を含む文と前後の文脈との「修辞的関係」「整合性」をチェックする。その際、空欄前後の文脈との意味レベル（たとえば、時間的なレベルや、場所的なレベル、上下のレベルなど）を一致させる。さらに、空欄を含む文の主語の特徴や文脈的な話題をチェックすることも、解

訂版』（旺文社）

4 本番では組み合わされた二種の題材の間を行き来する必要もあるため、多くの問題にあたり、**漢文的文体や文章構造の特徴の理解に努め、漢文読解に速度的に慣れておく。**

> ※漢文の「対偶性」を意識し、対句的構造の確認、傍線部までの事の経過と傍線部の対応、傍線部とその前後との対照化による整合性チェックなどに努める。

5 漢詩学習について。漢詩は、詩人の「詠詩対象に対する主観的な描写」や「詩人の心情」など、解釈が難しそうな要素を多く含んでいるように見える。だが、実際には「注」をきちんと読み、「奇数句＋偶数句」の基本的対偶構造や作品全体の構成をきちんと押さえ、各句の意味を正しく取ることを心がけるならば、それだけで確実に解答できる設問内容になっている。日頃の学習においては、教科書や「国語便覧」「国語要覧」といった〈国語学習の副教材〉に載せられた漢詩に（授業や参考書で学んだ）「漢詩読解のための各種ルール」を当てはめながら読み、さらには漢詩のリズムに慣れておく。

> ※代表的詩人の名作は、折に触れて目を通しておく。

洋外紀略（ようがいきりゃく）／性理大全（せいりたいぜん）

共通テスト（追試験）
解答 ▼別冊38ページ

◆次の【文章Ⅰ】は、江戸末期の儒学者安積艮斎（あさかごんさい）が書いたアメリカ合衆国初代大統領ワシントンの伝記「話聖東（ワシントン）伝」の一節であり、【文章Ⅱ】は、宋代の儒学者范祖禹（はんそう）が君主の道について述べた文章の一節である。これらを読んで、後の問い（問1〜6）に答えよ。なお、設問の都合で返り点・送り仮名を省いたところがある。

（配点 50）

【文章Ⅰ】

話（わ）聖（しん）東（とん）為（スヤ）レ政（ヲ）［X］而公、推（シテ）レ誠（ヲ）待（ス）レ物（ニ）。有（リ）二巴（は）（注1）爾（みる）東（とんナル）者一、明敏（ニシテ）

有（リ）二器（注2）識一、嫻（ならヒ）（注3）二辞令（ニ）一、通（ズ）二大（注4）体（ニ）一。話聖東挙（ゲテ）レ之（ヲ）、参二決（セシム）政事（ヲ）一。在（ルコト）レ（注5）任（ニ）

八年、法令整粛、武備森（注6）厳（ニシテ）、闔（かふ）（注7）州（しう）大（イニ）治（マル）。A然人或有議其

所為者、話聖東感憤ス。及二ビテ任満一ツルニ、乃チ還二リ旧(注8)閭一ニ深ク自ラ韜(注9)晦シ、無二シ

復タ功名ノ意一。(ア)以レテ寿ヲ終二ハル于家一ニ。

（安積艮斎『洋外紀略』による。）

（注）
1 巴爾東――ハミルトン（一七五七―一八〇四）。建国期のアメリカで財務長官を務めた。
2 器識――才能と見識。
3 嫻二辞令一――文章の執筆に習熟している。
4 大体――政治の要点。
5 在レ任――大統領の地位にあること。
6 森厳――重々しいさま。
7 闔州――国中。
8 旧閭――故郷。
9 韜晦――世間の目につかないようにする。

【文章Ⅱ】

人君以一人之身、而御四海(注10)之広、応万務之 Y 。苟不以至誠与賢而役其独智以先天下、則耳目心志之所及者、其能幾何。是故人君必清心以涖之、虚己以待之、如鑑之明、如水之止、則物(注11)至而不能罔(注12)矣。

(『性理大全』による。)

(注) 10 四海――天下。
11 物――外界の事物。
12 罔――心をまどわすこと。

問1 空欄 X ・ Y に入る語として最も適当なものを、次の各群の①～⑤のうちからそれぞれ一つずつ選べ。

X
① 廉
② 刻
③ 頑
④ 濫
⑤ 偏

Y
① 要
② 美
③ 対
④ 臣
⑤ 衆

X
Y

問2 波線部(ア)「以㆑寿終㆓于家㆒」・(イ)「役㆓其独智㆒」の解釈として最も適当なものを、次の各群の①～⑤のうちからそれぞれ一つずつ選べ。

(ア)「以㆑寿終㆓于家㆒」

① めでたいことに自らの家で事業を成し遂げた
② 天寿を全うして自らの家でこの世を去った
③ 人々に祝福されて自らの家で余生を過ごした
④ 長寿の親のために自らの家で力を尽くした
⑤ 民の幸せを願いながら自らの家で節義を貫いた

(イ)「役㆓其独智㆒」

① 比類のない見識を発揮して
② 自己の知識を誇示して
③ 孤高の賢人を模倣して
④ 自分の知恵だけを用いて
⑤ 独特の見解をしりぞけて

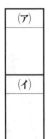

問3　傍線部**A**「然人或有議其所為者」の返り点の付け方と書き下し文との組合せとして最も適当なものを、次の①～⑤のうちから一つ選べ。

① 然 人 或 有下 議二 其 所一 為 者上
然れども人或いは其の所を議して為す者有れば

② 然 人 或 有 議二 其 所レ 為 者一
然れども人或いは有りて其の為にする所の者を議すれば

③ 然 人 或 有レ 議二 其 所レ 為 者一
然れども人或いは其の為にする所の者を議する有れば

④ 然 人 或 有レ 議 其 所レ 為 者
然れども人或いは議有りて其の為す所の者なれば

⑤ 然 人 或 有下 議二 其 所一レ 為 者上
然れども人或いは其の為す所を議する者有れば

問4 傍線部B「耳目心志之所ㇾ及者、其能幾何」の解釈として最も適当なものを、次の①～⑤のうちから一つ選べ。

① 君主の見聞や思慮が及ぶ範囲は決して広くない。
② 天下の人々の見聞や思慮が及ぶ範囲は君主以上に広い。
③ 天下の人々の感覚や思慮が及ぶ範囲は狭くなってしまう。
④ 君主の感覚や思慮が及ぶ対象はとても数え切れない。
⑤ 天下の人々の感覚や思慮が及ぶ対象は千差万別である。

□

問5 傍線部C「如二水之止一」に関する説明として最も適当なものを、次の①～⑤のうちから一つ選べ。

① 君主のもとに人々の意見が集まることが、まるで水が低い場所に自然とたまっていくようであるということ。

② 君主が公平な裁判を常に行っていることが、まるで水の表面が平衡を保っているようであるということ。

③ 君主が雑念をしりぞけて落ち着いていることが、まるで波立っていない静かな水のようであるということ。

④ 君主のこれまで積んできた善行の量が多いことが、まるで豊富に蓄えられた水のようであるということ。

⑤ 君主が無欲になって人々のおごりを戒めることが、まるであふれそうな水をせき止めるようであるということ。

問6 次に示すのは、**【文章Ⅰ】**と**【文章Ⅱ】**を読んだ後に、教師と二人の生徒が交わした会話の様子である。これを読んで、後の(i)・(ii)の問いに答えよ。

教　師　**【文章Ⅰ】**の安積艮斎「話聖東伝」は、森鷗外（もりおうがい）の作品『渋江抽斎（しぶえちゅうさい）』においても言及されています。渋江抽斎は、江戸末期の医者であり漢学者でもあった人物です。抽斎はもとは西洋に批判的だったのですが、「話聖東伝」を読んで考えを改め、西洋の言語を自分の子に学ばせるようにと遺言しました。鷗外によれば、「話聖東伝」の中でも抽斎がとりわけ気に入ったのは、次の**【資料】**の一節だったようです。

【資料】（送り仮名を省いた）

嗚呼、話聖東、雖レ生二於戎（じゅう）羯（けつ）一、其為レ人有二足レ多者一。

教　師　「戎羯」は異民族といった意味です。この**【資料】**で艮斎はどのようなことを言っていますか。

生徒A　［ a ］。ワシントンに対する**【資料】**のような見方が、抽斎の考えを変えたのでしょう。

生徒B　なぜ、【資料】のようにワシントンは評価されているのでしょうか。

教　師　【文章Ⅱ】の『性理大全』の一節は、儒学の伝統的な君主像を示しています。【文章Ⅰ】と【文章Ⅱ】には似ているところがありますね。

生徒A　[b]。

生徒B　[c]。「話聖東伝」を通じて、拙斎は立派な為政者が西洋にいたことを知り、感動したのですね。

教　師　このように漢文の教養は、西洋文化を受容する際の土台になったわけです。面白いと思いませんか。

(i) 空欄 a に入る発言として最も適当なものを、次の①～⑤のうちから一つ選べ。

① 「異民族の出身ではあるけれども」とあるように、艮斎は西洋の人々に対する偏見から完全に脱却していたわけではないものの、ワシントンの人柄には称賛に値する点があると言っています

② 「異民族の生まれだと言うものもいるが」とあるように、艮斎はワシントンの出自をあげつらう人々を念頭に置いて、そのような人々よりもワシントンの方が立派な人物であると言っています

③ 「異民族に生まれていながらも」とあるように、艮斎はワシントンが西洋人であることを否定的に見る一方で、ワシントンの政策には肯定的に評価すべき面があると言っています

④ 「異民族の出自であることを問わずに」とあるように、艮斎は欧米と東アジアの人々を対等であると認識し、ワシントンの人生はあらゆる人々にとって学ぶべきものであると言っています

⑤ 「異民族の出身でなかったとしても」とあるように、艮斎は欧米と東アジアを区別しない観点に立ち、ワシントンの統治の方法にはどのような国でも賛同する人が多いであろうと言っています

(ii) 空欄 b ・ c に入る発言の組合せとして最も適当なものを、次の①～⑤のうちから一つ選べ。

① b――【文章Ⅰ】は、ワシントンが人々から反発されても動じなかったことを述べていますね
c――それは、【文章Ⅱ】のどのような出来事にも信念を曲げない儒学の伝統的な君主像に重なります

② b――【文章Ⅰ】は、ワシントンが法律を整備して国を安定させたことを述べていますね
c――それは、【文章Ⅱ】の個人の力より制度を重視する儒学の伝統的な君主像に重なります

③ b――【文章Ⅰ】は、ワシントンが信頼する部下に自分の地位を譲ったことを述べていますね
c――それは、【文章Ⅱ】の権力や名誉に執着しない儒学の伝統的な君主像に重なります

④ b――【文章Ⅰ】は、ワシントンが政策の意図を率直に文章で示したことを述べていますね
c――それは、【文章Ⅱ】の人々に対して誠実に向き合う儒学の伝統的な君主像に重なります

⑤ b――【文章Ⅰ】は、ワシントンが優れた人材を登用し、政務に参与させたことを述べていますね
c――それは、【文章Ⅱ】の公正な心で賢人と協力する儒学の伝統的な君主像に重なります

□

考信録（こうしんろく）／文史通義（ぶんしつうぎ）

オリジナル問題
解答▼別冊46ページ

◆次の【文章Ⅰ】と【文章Ⅱ】は、どちらも学問をテーマとした文章である。これらを読んで、後の問い（問1〜6）に答えよ。なお、設問の都合で返り点・送り仮名を省いたところがある。（配点 45）

【文章Ⅰ】

自リレ宋(注1)以前、士之読ムレ書ヲ者多シ。故ニ所レ貴ブ、不シテレ在ラレ博(注2)ニ而(ア)在ル二考弁之精ニ一也。至リテレ明(注3)ニ、以テ二三(注4)場ヲ一取ルニレ士ヲ、止ダ重ンズルノミ二四(注5)書ヲ一。因リテ而学者多ク束(注6)ネテ(つかネテ)レ書ヲ不レ読マ。自リ二挙(注7)業一外、(イ)茫トシテ無シレ所レ知ル。(1)於レ是ニ一二ノ才智之士務メテ捜二覧シ新異ヲ一、無クレ論ズル二雑(注8)家ノ小説ト近世ノ贋(注9)(がん)書トヲ一、凡ソ昔人ノ所ノ二鄙ミテ(いやしミテ)

而不ㇾ屑ㇾ道者、<u>咸居ㇾ之為二奇貨一、以傲二常世(注10)不ㇾ読ㇾ書之人一、公然自詑二於人一、</u>A人亦公然詑ㇾ之以為二淵博一。若下六経(注11)為二藜藿(注12)一而此書為二熊掌(注13)一者上、<u>良可ㇾ慨也</u>B。

（崔述『考信録』による。）

（注）
1 宋――王朝名（九六〇～一二七九）。
2 博――多読。博識。
3 明――王朝名（一三六八～一六四四）。
4 三場――科挙（高級官吏採用試験）の三段階の本試験。
5 四書――南宋の朱子が儒教の教典に加えた書。当時（清代）の科挙は、四書を八股文という決められた様式で解釈するものであった。
6 束ㇾ書――書物を閉じて。
7 挙業――科挙。
8 雑家小説――儒教以外の学派の書物。
9 贋書――贋作の書。
10 常世――当世。いまどき。
11 六経――儒教の基本的な教典である五経のこと。
12 藜藿――あかざと豆の葉。粗末な料理の材料。
13 熊掌――熊の手のひら。料理の材料。

【文章Ⅱ】

君自ラ善ク学ブ耳。果タシテ其レ善ク学ベバ、記性(注14)断ジテ無ニ不ルレ足ラレ用フルニ之理一。C書(注15)巻(注16)浩(注17)如煙海、雖聖人猶不能尽。古人ノ所ニ以ノ貴ブレ博ヲ者ハ、正ニ謂(おもヘルハ)三業(注18)必ズ能ク専ニシテ(注19)而ル後可キト二(2)与ニ言フ一耳。(3)蓋D専ナレバ則チ成シレ家ヲ、成サバレ家ヲ則チ己立タン矣。

（章学誠『文史通義』による。）

（注）
14 記性――記憶力。
15 書巻――書物。
16 浩――広い。
17 煙海――もやのかかった海。
18 業――学業。学問。
19 専――専念して専門の知識を身に付ける。

問1 波線部(ア)「考弁之精」・(イ)「茫無㆑所㆑知」の解釈として最も適当なものを、次の各群の①〜⑤のうちからそれぞれ一つずつ選べ。

(ア)「考弁之精」

① 様々な分野の知識の吸収
② 緻密な思索に基づく読書
③ 幅広い知識を身に付ける精神
④ 深く考え正否を弁別する心構え
⑤ 正確に証拠を示し反論する方法

(イ)「茫無㆑所㆑知」

① 四書以外の学問は、まったく何もわからなくなってしまった
② 苛酷で捉えどころがない学問は、科挙を除くとほかにはない
③ 書物を閉じたままだと、どんな学問も身に付くことがないのだ
④ 学問の世界とは、見果てることができない茫漠たる世界である
⑤ 本当の学問を身に付けられる場所など、もうどこにもないのだ

(ア)	(イ)

問2 二重傍線部(1)「於レ是」・(2)「与」・(3)「蓋」の読み方の組合せとして最も適当なものを、次の①〜⑤のうちから一つ選べ。

① (1) ここにおいて　(2) くみして　(3) おほふに
② (1) これにおいて　(2) くみして　(3) もし
③ (1) ここにおいて　(2) ともに　(3) けだし
④ (1) ここにおいて　(2) ともに　(3) もし
⑤ (1) これにおいて　(2) ともに　(3) おほふに

問3 傍線部A「咸居レ之為二奇貨一」のこの文中の解釈として最も適当なものを、**【資料】**を参考にして、次の①〜⑤のうちから一つ選べ。

① あらゆる書物を手に入れて、その価値を強調し

② いいものも悪いものも、とにかく世の中の書物を集めて

③ 多読を自慢する、人がいやしんで話題にもしない人物を貴んで

④ 人がさげすんで名前も口にしないような、無学な人物を大切にして

⑤ あまり価値がないように見える書物を、素晴らしいものとして秘蔵して

【資料】

秦（しん）の王子である子楚（しそ）は、趙（ちょう）の人質となり冷遇されていた。商用で邯鄲（かんたん）に赴いていた呂不韋（りょふい）は、たまたま子楚を見かけて「これは奇貨だ。買い入れておきたい」と言った。やがて、子楚に会い、「あなたの門戸を大きくして差し上げましょう」と言った。子楚は笑って、「まずはあなた自身の門戸を大きくしてから、私の門戸も大きくしてもらおう」と言った。呂不韋は、「あなたはおわかりでない。私の門戸はあなたの門戸を大きくしてこそ大きくなるのです」と言った。

（『史記』呂不韋列伝・訳　※一部改変）

（注）子楚——秦王の庶子（非嫡出の子）。趙に人質に出されていた。後に秦の荘襄王となる。
邯鄲——戦国時代の趙の都。
呂不韋——大商人。子楚が荘襄王に即位すると、宰相に取り立てられた。

問4 傍線部**B**「良可レ慨也」について、その理由として最も適当なものを、次の①～⑤のうちから一つ選べ。

① 読書をお金儲けの道具として打算的に見ているだけなので。
② 学問の大成に必要な多読の価値をまったく理解していないので。
③ 読書の対象として重んじるべき儒教の経典を軽視しているので。
④ 学究生活の充実よりも目先の食生活の充実を選んでしまっているので。
⑤ 結局読書からはなれてしまい、食生活の良し悪しにこだわっているので。

問5 傍線部C「書巻浩如煙海雖聖人猶不能尽」について、返り点の付け方と書き下し文との組合せとして最も適当なものを、次の①～⑤のうちから一つ選べ。

① 書 巻 浩 如㆓煙 海㆒、雖㆓聖 人㆒猶 不㆑能㆑尽
書巻浩(ひろ)きこと煙海のごとく、聖人と雖も猶(な)ほ尽(つ)くす能(あた)はず

② 書 巻 浩 如㆓煙 海㆒、雖㆑聖 人 猶 不㆑能㆑尽
書巻浩く煙海に如(ゆ)けば、聖と雖も人すら猶ほ尽(まか)すを能(よ)くせざらん

③ 書 巻 浩 如㆓煙 海㆒、雖㆑聖 人 猶 不㆑能㆑尽
書巻浩く煙海のごとくして、聖なりと雖も人猶ほ尽(ことごと)くは能くせず

④ 書 巻 浩 如㆓煙 海㆒雖、聖 人 猶㆑不㆑能㆑尽
書巻の浩きは煙海のごときと雖も、聖人も猶ほ尽くす能はざるがごとし

⑤ 書 巻 浩 如㆓煙 海㆒雖、聖 人 猶㆑不㆑能㆑尽
書巻の浩きは煙海に如(し)くと雖も、聖人猶ほ尽くすこと能はざるがごとし

問6 【文章Ⅰ】【文章Ⅱ】からは、読書をめぐる当時の様々な状況がうかがわれる。そのことについて、後の(i)・(ii)の問いに答えよ。

(i) 【文章Ⅱ】の総括とも言える傍線部D「専則成レ家、成レ家則己立矣」中の「成レ家」とはどういうことか。その説明として最も適当なものを、次の①〜⑤のうちから一つ選べ。

① 記憶力は大きく向上し
② 学問で一つの地位を築き
③ 結婚して所帯を持つことができ
④ 世に残る事業を興すことができ
⑤ 聖人の境地に達することができ

(ii) 【文章Ⅰ】【文章Ⅱ】の説明として最も適当なものを、次の①〜⑤のうちから一つ選べ。

① 【文章Ⅰ】は、博識（多読）の対象でしかない書は、読書の対象から除外すべきであると強調している。【文章Ⅱ】は、とにかく多読に努めて記憶力を高め、さらに社会的に成功することによって、はじめて世に認められる学者になることができるとしている。

② 【文章Ⅰ】は、博識（多読）にばかりとらわれ文章が示す本意を取り損ねている世の風潮を嘆き、【文章Ⅱ】は、まず記憶力を強化して、多読に基づいた幅広い教養を身に付ければ、文章の表面の意味だけでなく、その核となる論点の把握に成功するとしている。

③ 【文章Ⅰ】は、人があまり価値を置かないような書物まで多読することによって、その学問を世に誇ることができるとし、【文章Ⅱ】は、多読によって記憶力を強化することで、専門的な分野の学問も身に付け、一流の学者として世に出ることができるとしている。

④ 【文章Ⅰ】は、博識（多読）に流れる世の学問の風潮を嘆きつつも、条件付きで多読に基づく読書を推奨している。一方、【文章Ⅱ】は、男子として家庭を持ち、社会的に成功することによって、はじめて自分の存在価値を世に知らせ、博識（多読）も役立つとしている。

⑤ 【文章Ⅰ】は、博識（多読）を否定的にとらえ、また、読む価値もない書物まで多読の対象として正統な学問の教典をぞんざいに扱うことを批判している。【文章Ⅱ】は、学問において自分の専門分野を究め独自の学説を持った上で、はじめて博識（多読）も生きるとしている。

唐才子伝（とうさいしでん）／滕王閣（とうおうかく）

オリジナル問題　解答▼別冊56ページ

◆次の【文章】と【資料】を読んで、後の問い（問1〜5）に答えよ。なお、設問の都合で返り点・送り仮名を省いたところがある。（配点　45）

【文章】

勃（ぼつ）（注1）往キテ省覲（せいきん）（注2）セントシ、途（みち）ニ（ア）過二南昌（注3）一。時ニ都督（注4）ノ閻公（注5）新二修シ滕（とう）王閣（注6）一ヲ成ル。

九月九日、大イニ会（あつ）メ二賓客一ヲ、A将令其婿作記（注7）以誇盛事。勃至リテ

入謁ス。帥知リ二其ノ才一ヲ、因リテ請フレ為（つく）ランコトヲレ之ヲ。勃欣然トシテ対シテレ客ニ操（と）リレ觚（こ）（注8）ヲ、頃刻（注9）ニシテ而

就（な）ル。文不レ加（へ）レ点（注10）ヲ。満座大イニ驚ク。酒（イ）酣辞別スルニ、帥贈ル二百縑（けん）（注11）ヲ一。即チ挙ゲテレ帆ヲ

去。至炎(注12)方、舟入洋海溺死。時年二十九。

勃属文綺麗、請者甚多。金帛盈積。心織而衣、筆耕而食。然不甚精思、先磨墨数升、則酣飲、引被(注13)覆面臥。

及寤、援筆成篇、不易一字。人謂之腹稿。

（『唐才子伝』による。）

（注）
1 勃——初唐の詩人、王勃。
2 省覲——親の安否をたずねる。
3 南昌——今の江西省南昌市。
4 都督——地方の軍政長官。「帥」も同じ。
5 閻公——都督の閻伯嶼（えんはくしょ）。
6 滕王閣——唐の太祖の子で滕王に封ぜられた李元嬰（りげんえい）が、南昌の贛（かん）江のほとりに建てた高楼。
7 記——散文の一種。ここは滕王閣のことを記した文章をいう。
8 觚——さかずき。
9 頃刻——わずかの時間。間もなく。
10 加点——手を加える。修正する。
11 縑——薄い絹織物。
12 炎方——南方の炎熱な気候の地方。
13 被——掛け布団。

【資料】

滕王ノ高閣臨ミ二（注14）江(かう)渚(しよ)ニ一　（注15）佩(はい)玉鳴（注16）鸞(らん)歌（注17）舞罷(や)ム

（注18）画棟朝(あした)ニ飛ブ（注19）南浦(ぽ)ノ雲　（注20）珠(しゆ)簾(れん)暮(くれ)ニ捲(ま)ク　D　雨

（注21）閑雲潭影日ニ（注22）悠悠タリ　物換(かは)リ星移ル幾(いく)度(たび)ノ秋ゾ

閣中ノ（注23）帝子今（ウ）何在ル　（注24）檻(かん)外ノ長江空シク自ラ流ル

（注）

14 江渚――鄱陽湖(はようこ)に注ぐ贛江のなぎさ。

15 佩玉――貴人が身におびた玉の飾り。

16 鳴鸞――舞姫の腰につけた鸞という鳥の形の鈴。

17 歌舞――舞姫たちの歌や舞。

18 画棟――彩色された滕王閣の棟木。

19 南浦――南昌の南の入江。

20 珠簾――豪華な御簾(みす)。

21 閑雲――静かに流れる雲。

22 悠悠――ずっと変わらない。

23 帝子――李元嬰のこと。

24 檻――滕王閣の手すり。

問1 二重傍線部(ア)「過」・(イ)「酣」・(ウ)「何」の意味として最も適当なものを、次の各群の①〜⑤のうちからそれぞれ一つずつ選べ。

(ア)「過」
① すぎる
② たちよる
③ せめる
④ あやまる
⑤ すごす

(イ)「酣」
① 飲み飽きて
② 酌み交わして
③ 飲み終わって
④ さかんに飲んで
⑤ 酔っ払った

(ウ)「何」
① どうして
② どのように
③ だれが
④ どこに
⑤ なにを

(ア)
(イ)
(ウ)

問2　傍線部**A**「将令其婿作記以誇盛事」の書き下し文とその解釈の組合せとして最も適当なものを、次の①～⑤のうちから一つ選べ。

① 将に其の婿をして記を作らしめんとするは、盛事を誇らんとするを以てなり。
自分の娘婿についての文章を作らせようとしたのは、宴席に花を添えようとしたからであった。

② 将た其の婿をして記を作らしめんとするは、盛事を誇るを以てならん。
あるいは自分の娘婿に文章を作らせるのは、この宴席を誇ろうとしたためであろう。

③ 将に令して其の婿の記を作らしめて、盛事を誇るを以てせんとす。
命令を下して自分の娘婿のための文章を作らせて、今回の大事業に花を添えようとした。

④ 将た其の婿をして記を作るに盛事を誇るを以てせしむ。
あるいは自分の娘婿に王勃の来訪を誇る内容の文章を書かせるのであった。

⑤ 将に其の婿をして記を作らしめて、以て盛事を誇らんとす。
自分の娘婿に文章を作らせ、今回の大事業を誇ろうとした。

□

問3 【資料】の漢詩は、【文章】中の波線部「滕王閣」にまつわる、王勃作「滕王閣序」の末尾に付された漢詩である。【文章】と【資料】の漢詩をよく読んで、後の(i)・(ii)の問いに答えよ。

(i) 空欄 D に入る語として最も適当なものを、次の①～⑤のうちから一つ選べ。

① 西山　② 九月　③ 初秋　④ 菊花　⑤ 異郷

(ii) 【資料】の漢詩について、その説明として最も適当なものを、次の①～⑤のうちから一つ選べ。

① 華やかな言葉をならべた後に滕王閣の主がいなくなった寂しさを述べ、過去への追憶の中に現在の情況を置くという過去と現在が交錯する時間意識の中で、独自な感覚美にあふれた詩境を展開している。

② 滕王閣で開かれた宴席の歌舞音曲も終わってしまい、人声や物音もしなくなり、長江の流れる音だけを耳にし、自分の死を予感している様を見事にうたっている。

③ 滕王閣の昔時の華やかさをうたった後、年月を経て大きくうつろった人の世と、昔も今も変わらず存在している大自然とを感慨を込めて対比的にうたっている。

④ 華やかな滕王閣の描写とただ長江だけが流れる姿の対照による印象の鮮明化という対の効果を利用して、作者の孤独感と寂寥(せきりょう)感を描き出している。

⑤ 時の権力者に対し、相手の意向を十分に尊重しながら滕王閣の華やかさをうたい、その一方で自分の孤独感と寂寥感をさりげなく表現している。

□

問4　傍線部B「心織而衣、筆耕而食」は、王勃のどのようなことをたとえたものか。その説明として最も適当なものを、次の①～⑤のうちから一つ選べ。

① 王勃が、心で機を織るように文章の構想を練り上げても、その執筆は筆のような一本の鍬で田畑を耕すようなものであり、じっくりと墨を磨り時間をかけないと、後世に残る文章を書けないことをたとえたものである。

② 王勃が、心にかなった衣服を織らせて着たり、筆先のような綺麗な稲から採れる食物を口にするために、あらゆる機会をとらえては文章作成に励んでいたことをたとえたものである。

③ 王勃について、存分に酒を飲んで酔うことこそが、心のままに筆を操り自在に文章を作る原動力となり、莫大な報酬を得るほどの文章を作ることができたことをたとえたものである。

④ 王勃が、心で機を織り筆で田を耕すように素晴らしい文章を次々と思いのままに執筆し、その結果、生活するに十分な収入を得ていることをたとえたものである。

⑤ 王勃の作品を求める資産家たちが、その作品世界から心に思い描いたままに農耕とその合間の執筆生活を学んでゆく様をたとえたものである。

□

問5 次に示すのは、**【文章】**と**【資料】**を読んだ後に、教師と二人の生徒が交わした会話の様子である。これを読んで、後の(i)・(ii)の問いに答えよ。

教　師　王勃は、楊炯（ようけい）・盧照鄰（ろしょうりん）・駱賓王（らくひんのう）とともに「初唐の四傑」と称せられている詩人で、幼い頃から神童の誉れが高く、また、中央の役人にもなった人なんだ。だが、後に官奴（＝国有の奴婢）を殺して官籍から除かれ、父の王福もこれに連座して、交趾（こうち）（＝ベトナム）の令（＝長官）に左遷されてしまう。**【文章】**は、その父を訪ねる道中で南昌に立ち寄った際の話で、その時に作った漢詩が**【資料】**だ。彼は、この後、南海を航行する船から転落して溺死してしまうんだ。

生徒A　ということは、この**【資料】**の漢詩は、絶筆ということになるんですね。

教　師　才子薄命とは、まさしく彼のことを言うんだね。余談だけど、ある人が彼の骨相を見て、すでにそのことを予言していたらしい。ところで、問題文に描かれたような王勃の作詩のイメージを一言で言ったら何というだろう。わかる人はいるかな。

生徒B　［　　　］ですね。確か、盛唐の大詩人李白（りはく）にも同じような逸話がありますね。

教　師　その通りだ。そういう彼の作詩する姿を見た人々の反応が**C**「人謂㆓之腹稿㆒」だね。

(i) 漢詩を書き上げる際の王勃の姿を表したものとして空欄 □ に入れるのに最も適当なものを、次の①～⑤のうちから一つ選べ。

① 苦吟懊悩(おうのう)
② 天衣無縫(むほう)
③ 一気呵成(かせい)
④ 百鍛千練
⑤ 沈思黙考

□

(ii) 傍線部C「人 謂二之 腹 稿一」について、その理由として最も適当なものを、次の①～⑤のうちから一つ選べ。

① 王勃がどんな状態でも見事な作品を作ることができるのは、常に頭で起稿し、お腹(なか)の中で十分に推敲しているからだと考えたので。

② 人々の求めに応じて見事な作品を楽々と作る王勃の文才に感心して、腹の中にあらかじめ出来上がった原稿が蓄えられているに違いないと考えたので。

③ 常に酒を飲み大胆な態度をとっている王勃だが、実は繊細な文学的感性を表に出さず腹蔵しているからこそ見事な作品ができるのだと思ったので。

④ 王勃が酒を満足いくほどに飲み、酒で腹を満たした後に起稿する様を、腹に満たした酒の力によって原稿を作り上げているに違いないと考えたので。

⑤ 寝たふりをしてじっくりと文章を組み立てているからこそ、起きて即座に文章を書けるのだと判断し、心の中のもくろみを表に出さないその腹芸(はらげい)に感心したので。

漢詩二題／鶴林玉露(かくりんぎょくろ)

オリジナル問題
解答▼別冊66ページ

◆次の【漢詩Ⅰ】と【漢詩Ⅱ】は、唐代の二大詩人である李白(りはく)と杜甫(とほ)の作品であり、【資料】は、彼らの作品の特徴を紹介した文章である。これらを読んで、後の問い（問1〜5）に答えよ。なお、設問の都合で返り点・送り仮名を省いたところがある。（配点 50）

【漢詩Ⅰ】

贈ル二汪(わう)(注1)倫(りん)ニ一　李白

李白乗リテレ舟ニ将ニレ欲スレ行カント

(1)忽チ聞ク岸上踏(注2)歌ノ声

桃（注3）花潭（たん）水深（サ）千尺

A不（レ）及（バ）汪倫（ノ）送（ルノ）（レ）我（ヲ）情（ニ）

（『全唐詩』による。）

（注）
1 汪倫——李白が桃花潭（注3参照）に遊んだとき、うまい酒をつくってもてなした人物。
2 踏歌——手をつないで足で地を踏みならし、調子をとって歩きながらうたう歌。
3 桃花潭——今の安徽（あんき）省涇（けい）県にあった淵（ふち）の名。

【漢詩Ⅱ】

月夜憶（おもフ）（二）舎（注4）弟（ヲ）（一）　杜甫

戍（じゅ）（注5）鼓（こ）断（たエ）（二）人行（一）　辺（注6）秋一雁（ノ）声

露（注7）従（リ）（二）今夜（一）白（ク）　月（ハ）是（レ）故郷（ノゴトク）［X］

有弟皆分散　無家問死生

B 寄書長不達　況乃未休兵

（『全唐詩』による。）

（注）4　舎弟——自分の弟をいう。
5　戍鼓——とりでで兵士が打ちならす太鼓。
6　辺——辺境。
7　露従今夜白——「露白」は二十四節気の一つである白露節のこと。秋分の前、陽暦の九月八・九日ごろ。

【資料】

李太白（注8）一斗（注9）百篇、援筆立成。杜子美（注10）改罷長吟、一字不苟。二公（2）蓋亦（3）互相譏嘲。太白贈子美云、「借問因何太（注11）痩生、只為従前作詩苦。」 Y 之一辞、譏其困琱(注12)鐫也。子美寄太白云、「何時一樽酒、重与細論文。」

細之一字、譏其欠縝(注13)密也。

（羅大経『鶴林玉露』による。）

（注）

8 太白——李白の字。

9 一斗——容量の単位。十升。当時（唐代）は、約六リットル。

10 子美——杜甫の字。

11 太瘦生——「生」は音節を整える。ここでは読まない。

12 琱鐫——彫り刻むこと。彫刻と同じ。

13 縝密——緻密。

問1　傍線部(1)「忽」・(2)「不レ苟」・(3)「蓋」の意味の組合せとして最も適当なものを、次の①～⑤のうちから一つ選べ。

① (1) ゆったりと　(2) こだわらない　(3) 思うに
② (1) ふと　(2) いいかげんにしない　(3) ところが
③ (1) ゆったりと　(2) こだわらない　(3) ところが
④ (1) ふと　(2) いいかげんにしない　(3) 思うに
⑤ (1) ふと　(2) こだわらない　(3) ところが

問2 傍線部A「不ㇾ及」について、(i)何が、(ii)何に及ばないといっているのか。その説明として最も適当なものを、次の各群の①～⑤のうちからそれぞれ一つずつ選べ。

(i)
① 桃花潭の水の深さ
② 桃花潭を下る舟の速さ
③ 桃花潭の岸辺の歌声の美しさ
④ 李白が桃花潭の詩に込めた情熱
⑤ 村人が桃花潭で踏みならす足音の大きさ

(ii)
① 汪倫が他者を憐(あわ)れむ情の強さ
② 汪倫と見送る村人との友情の深さ
③ 李白と別れる汪倫の悲しみの大きさ
④ 李白を受け入れた汪倫の心の美しさ
⑤ 李白に対する汪倫のあたたかい心の深さ

(i)

(ii)

問3 【漢詩Ⅱ】の空欄 X に入る最も適当な語を、次の①～⑤のうちから一つ選べ。

① 白　② 輝　③ 円　④ 昇　⑤ 明

問4　傍線部B「寄ㇾ書長不ㇾ達　況乃未ㇾ休ㇾ兵」の解釈として最も適当なものを、次の①～⑤のうちから一つ選べ。

① 兄弟からの手紙はずっと私に届かない。とは言っても、勝利するまで戦争をやめないことが大切だ。

② 兄弟の手紙は、ずっと私のもとに届かない。ましてまだ終わっていない戦争には言うべき言葉もないのだ。

③ 私の手紙は兵士に奪われ、ずっと兄弟には届かない。この状況だとやはりまだ戦争は終わっていないのだ。

④ 手紙を送っても、長い間兄弟のもとには届いていない。言うまでもなく戦争が続いている今は、なおさら無理なのだ。

⑤ 妻子に手紙を送っても、長い間受け取ることができないでいるようだ。まして敵がまだ兵を引き上げていない今は仕方がないのだ。

問5　次に示すのは、**【漢詩Ⅰ】【漢詩Ⅱ】**と**【資料】**について解説した文章である。これを読んで、後の(i)～(iii)の問いに答えよ。

【資料】から明らかだが、[1]に詩を書き上げる李白とは対照的に、杜甫は[2]の人であった。そのことは、李白が「[Y]之一辞」によって杜甫をユーモラスにからかっていることからもわかる。**【漢詩Ⅰ】**で李白は汪倫との別れを描き、**【漢詩Ⅱ】**で杜甫は兄弟たちとの別れを描いているが、その別れの描き方も大きく異なっている。楽天的な李白は、汪倫や見送りの人々との名残を惜しむ気持ちを、川を下る舟の速さに乗せて明るく軽快に描いている。一方、杜甫の詩は、秋の凄涼な情景から始まる。[3]その彼の悲哀の情は、波線部「無家問死生」で頂点に達し、尾聯(びれん)（第七・八句）へと集約する。

このように詩人としてのタイプがまったく異なる二人であるが、実は強い友情を育んでいたといわれる。たとえば杜甫は、江南の地にあって当時長安に居た李白をしのび、いつかまた会いたいという気持ちを「春日李白を憶(おも)う」という詩にうたっている。

(i)　空欄[1]・[2]と空欄[Y]に入る語の組合せとして最も適当なものを、次の①～⑤のうちから一つ選べ。

① 1 粉骨砕身 2 苦吟 Y 痩

② 1 一気呵成(かせい) 2 朗吟 Y 太

③ 1 一気呵成 2 苦吟 Y 苦

④ 1 粉骨砕身 2 朗吟 Y 苦

⑤ 1 一気呵成 2 苦吟 Y 太

(ii) 空欄 3 に入る杜甫の心情についての説明として最も適当なものを、次の①〜⑤のうちから一つ選べ。

① 秋になり、街に駐屯する軍隊によってようやく街の治安は保たれるようになった。ただ、杜甫にとって、賊に捕らえられたままで音信不通の兄弟たちの身の上だけが気がかりであった。

② 杜甫が雁の声のする方を見上げると秋の月がかかっている。その月を見て故郷や弟たちに思いを馳せるのだ。彼は、いつの日にか故郷に帰り、一族みなで円満に過ごすことを夢見ていたのであろう。

③ 白露節の夜、杜甫は秋の到来を実感し、今年も故郷に帰らなかった自分を妻子は恨んでいるのではないかと危惧していた。そして、現在も故郷に帰れない境遇を招いた兄弟への憎悪をつのらせるのであった。

④ 兄弟と仲違いしたままで、今どうしているかもわからないし、彼らに宛てた手紙も受け取ってもらえない。だが杜甫は、生きているうちに何とか兄弟との関係を修復しようとずっと心を砕いていたはずだ。

⑤ 軍隊の太鼓の音を聞くと、この街が占領されていることを実感する。戒厳令の夜、人通りも途絶えて雁の声だけが響く、故郷を離れたこの街で、杜甫は心通じ合う人がいない孤独感をかみしめていた。

□

(iii) 【漢詩Ⅱ】の波線部「無 家 問 死 生」について、その説明として最も適当なものを、次の①～⑤のうちから一つ選べ。

① 家の者も自分の生死を気にする余裕がないほどに危険な状態にあるということ。
② 家族が戦争のためにばらばらになり、その安否をたずねるための家もないということ。
③ 住む家が無くなってしまった今、仲違いした兄弟を探しだし、関係を修復したいということ。
④ 空を飛ぶ雁のように、異郷の地で住む家もなく孤独な自分は、死を待つしかないということ。
⑤ 実家にいるはずの弟たちは兵役でいなくなり、妻子の安否をたずねるすべもないということ。

別冊解答

大学入学

共通テスト
古文・漢文
実戦対策問題集

改訂版

旺文社

目次

古文

解答・解説

石清水（いわしみず）物語

共通テスト（追試験）

問題 ▼本冊10ページ

▼解答（配点50点）

問1	(ア) ①	(イ) ③	(ウ) ①	各5点
問2	②			7点
問3	③			7点
問4	②			7点
問5	(i) ①	(ii) ③		各7点

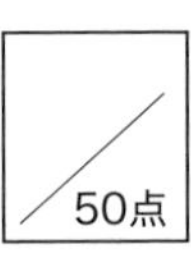

問題文について

問題文は、柱となる『石清水物語』と設問の中に『伊勢物語』の歌の引用があり、複数のテクストで構成されている。

柱の出典である『石清水物語』は、過去センター試験で出題されたこともある。鎌倉時代成立の擬古物語（平安時代の物語を模倣して、鎌倉時代以降に作られた物語。『源氏物語』の影響を受けているものが多く、『源氏物語』の話の筋を知っていると読みやすいものも少なくない）で、作者は未詳。

内容的には、主人公である伊予守（いよのかみ）が、木幡（こわた）の姫君に恋をし、数度の逢瀬（おうせ）をかなえるものの、姫君は帝（みかど）の妃（きさき）として入内（じゅだい）。それを機に、伊予守は出家を決意し修行に打ち込む。姫君は帝の皇子を生み、伊予守は、修行に打ち込み極楽往生の願いがかなえられたことであろうというところで物語は終わる。

本文の中心人物は、この伊予守ではなく、左大臣（本文では関白）の息子である中納言である。彼も木幡の姫君の姿を見て恋心を抱くが、彼女が異母妹と知り苦悩する。結局二人が結ばれることはなかったものの、中納言は順調に出世を重ねていく。

今回の本文は、木幡の姫君に恋心を抱く中納言が、彼女が異母妹であることを知り苦悩、やがて女二の宮と結婚するが、木幡の姫君のことが忘れられないという中納言の心情を中心に描く場面である。

『伊勢物語』は、平安時代に成立した歌物語。作者は未詳。章段の多くが、「むかし、男ありけり」の冒頭で始まり、実在した人物である在原業平（ありわらのなりひら）と思われる人物の一代記という体裁をとる。

複数の素材を比較して、統合・熟考・評価することを意図したスタイルをとり、他科目同様に「提示された文章や資料などを読み解き、情報を組み合わせて考えること」を目指したものとなっている。

問題文の文字数は、以前のセンター試験よりも若干少なめではあるが、その分、読み応えのある本文であり、正しく読解・解答するためには、従来以上に確実な文法・単語の習得が必要不可欠である。

リード文と注によって、人物関係を説明するなど、受験生の理解を助けるように工夫されているので、リード文と注もしっかり読むように心がけたい。

設問について

問1～**問4**までは、柱の出典である『石清水物語』のみに関する設問になっている。選択肢もそれほど長いものではなく、少し選択肢が長い**問4**は選択肢を四つにするなど配慮もされているので、解答は、比較的選びやすいのではないかという印象を受ける。

共通テストの特徴的な設問として、**問5**が配されている。柱となる本文とは別に、教師が作成する**【学習プリント】**と生徒が作成した**【ノート】**を提示する形の問題で、「他のテクストとの相違点を踏まえ、書き手の意図を適切に判断する」ことを求める設問となっている。なお、「課題解決のための思考力・判断力・表現力が求められるような記述式の設問」は含まれていない。

問1　語彙——語句の解釈

設問の傾向とねらい

基本単語をしっかりと覚えた上で、文脈を踏まえて適切に理解できるかを問うている。

解答のポイント

1　辞書的な意味で確認をした上で、文脈で最終決定をする。
2　特に、呼応の副詞や連語には注意する。
3　敬語の訳も頻出。種類とその訳し方を確実に覚えておく。

基本単語はきちんと覚えていないと対応できない。まず辞書的な意味を覚えた上で、文脈で最終決定をする。

(ア)　さら／ぬ／ほど／の／所

正解は①。「さら」は、副詞「さ」にラ変動詞「あり」の未然形「あら」が付いた「さあら」が縮約したもの。「ぬ」は、打消の助動詞「ず」の連体形。「さ」は、「そう・そのように」の意なので、「さあらぬ」の直訳は「そうでない・そのようでない」などとなるが、実際は、「さらぬ」で連語として覚えておきたい。「そうでない」の他に「たいしたことのない・なんでもない」という意がある。「ほど」は、「程」と書く。「さらぬほどの所」の直訳は、「たいしたことのない程度の所」となる。「さらぬ」には、その他「避けられない」という意もあるが、その場合は多く「さらぬ別れ」という形で用いられ、「避けられない別れ＝死別」と訳す表現となる。

(イ) いつしか／ゆかしう

正解は③。「いつしか」はいわゆる呼応の副詞で、下に願望表現がある場合は「早く」、ない場合は「早くも・いつの間にか」の意。「ゆかしう」は、シク活用の形容詞「ゆかし」の連用形「ゆかしく」のウ音便の形。「ゆかし」の語源は「行かし」で、「そちらへ行きたい」の意。好奇心を持って引き付けられて、行って見たい・行って聞きたい・行って知りたいということから、「見たい・聞きたい・知りたい」などと訳すことになる。選択肢を見ると、③に「目にしたい＝見たい」とあり、下に願望表現があることから、「いつしか」は、「早く」と訳すことになる。

(ウ) おくれ／たる／ところ／なく

正解は①。「おくれ」は、ラ行下二段活用の動詞「遅る／後る」の連用形。「死に遅れる・先立たれる」と訳すことが多いが、ここは選択肢からそのような意味ではないことがわかる。なので、とりあえずそのまま「遅れる」と訳してみると、傍線部(ウ)の直訳は「遅れているところがなく」などとなる。

では、これはどのようなことを意味しているのであろうか。文脈を確認すると、ここは、男君から見た女二の宮の様子が書かれており、傍線部(ウ)は「いみじう盛りに調ひて、～なつかしげに」から続いており、そのことから、ここが、女二の宮の様子や人柄に対する賛美が述べられている箇所だと判断できる。その文脈に合う選択肢を選べばよい。

問2 文法と内容に関する説明

設問の傾向とねらい

単語・文法の確かな知識を踏まえた上で、傍線部全体の内容を理解できているのかを問うている。基本的な文法事項を確実に押さえて、それを読解に生かせるかを試している。

解答のポイント

1 まずしっかり単語に分ける。
2 含まれている助動詞・助詞の用法をチェック。
3 敬語は特に、敬語の種類、敬意の対象をチェック。
4 重要語句・文法に注意し、正確に訳す。

正解は②。

①は、「もの」を接頭語としている点が不適切。接頭語の「もの」は、主に形容詞や形容動詞の上に付き、「なんとなく・どことなく」という意を表す。例えば、「もの悲し（なんとなく悲しい）」や「もの寂し（なんとなく寂しい）」という類いである。格助詞「の」が接続することはない。また、「ものの嘆か

しさ」とは、リード文をきちんと読めば、「このまま女二の宮と結婚しても良いのだろうかという迷い」を表しているのではなく、恋心を抱く木幡の姫君が異母妹であることを知り、かなわない恋に苦悩していることを指しているとわかる。

②が正解である。副助詞「ばかり」は、①ほど・くらい（程度）②だけ（限定）③〜のころ（大体の時）と、大きく三つの用法があるが、ここは、「ほど・くらい」などと訳す、程度の用法である。また、選択肢後半の説明も何ら問題ない。

③は、「見なし聞こえばや」の解釈が不適切。「聞こえ（終止形は「聞こゆ」）」は、「見なし（終止形は「見なす」）」という動詞の下に付いているので、補助動詞である（謙譲語の補助動詞で、「（お）〜申し上げる・お〜する」などと訳す）。よって、「見なす」と「聞こゆ」で二単語として扱うのが一般的であるが、「見なし聞こゆ」で一語の複合動詞としても一概に間違いとは言えない。「ばや」が願望を表す終助詞であるという説明も正しい。ただ、「見なし聞こえばや」の訳は、「見なし申し上げたい」であって、選択肢後半にある「会ってみたい」という意で解釈するのは不可能である。「見なす」は、「そうでないものをそれと思う」ということであって「会う」ということではない。

④は、選択肢前半の「思し」と「ける」の説明は正しいが、後半の記述が不適切である。男君は、木幡の姫君への思いが紛れるくらい女二の宮を好きになれたらよいと思っているのであって、「いつのまにか女二の宮に恋をしていた」わけではない。

問3 限定範囲の正誤の確認

設問の傾向とねらい

段落に番号を付けて範囲を限定し、その範囲の登場人物に関する説明の正誤を判断させる形式の問題である。センター試験時代の正誤問題は全体を通して読ませるものが多かったが、調べる範囲を限定しているので、解きやすくなったといえる。

解答のポイント

なんとなく雰囲気で選ぶのではなく、選択肢にある人物が登場する箇所をしっかり特定する（＝必要な情報の取り出し）。その上で、その箇所の内容が選択肢の記述と合致するのかを考える。

正解は③。

本文[2]段落（10・11行目）に

御前などあまたにて出でさせ給ふに、大宮おはせましかば、いかに面立たしく思し喜ばむと、

先払いなど大勢でお出かけになるので、もし大宮（＝男君の亡き母宮）がご存命でいらっしゃったとしたら、どんなに晴れがましくお思いになりお喜びになったであろ

うと、殿はまず（大宮のことを）思い出し申し上げなさる
殿はまづ思ひ出で聞こえ給ふ

とあることと合致する。

他の選択肢を検討すると、①と②は、春の中納言に関する選択肢である。春の中納言については、1段落（4・5行目）に次の記述がある。

春の中納言も、いつものように（男君と）同じく（権大納言に）おなりになって、
春の中納言も、例の同じくなり給ひて、
（昇進の）御礼を申し上げることも劣らずしなさるけれど、手の届かない枝（＝女二の宮）
喜び申しも劣らずし給へど、及ばぬ枝の一つこと
のことだけで、何かにつけて興ざめに思われなさった
に、よろづすさまじくおぼえ給ひけり

「すさまじ」は、季節外れだったり、期待外れだったりした場合の不快感を表す語で「興ざめだ・がっかりだ」の意。本文では春の中納言は、「興ざめに思った」と書かれているのであり、①にある「男君にあらためて畏敬の念を抱いた」、②にある「すべての力を注いで女二の宮を奪い取ろうという気持ちで日々を過ごしていた」と書かれているのではない。

④と⑤は、院に関する選択肢である。院については、まず1段落（3行目）に次の記述がある。

（院は、男君の）官位が低いことを物足りないことだとお思いになられて
官位の短きを飽かぬことに思しめされて

「飽かぬ」は、カ行四段動詞「飽く」の未然形「飽か」に打消の助動詞「ず」の連体形「ぬ」が付いたもの。「不満足だ・物足りない」の意。

次に、3段落（12行目）に、次の記述がある。

院におかれては、（男君の女二の宮のもとへの来訪を）待ち受けなさるお心遣いは平凡ではない
院には、待ち取らせ給ふ御心づかひなのめならず

「待ち取る」は、「待ち受ける」の意。「なのめならず」は、「平凡ではない・普通ではない」という意の連語である。

きちんと解釈できれば、④と⑤の選択肢はすぐに不適切であるとわかる。

問4 限定範囲の正誤の確認

設問の傾向とねらい

問3と同主旨の問題である。段落に番号を付けて範囲を限定し、その範囲の内容の正誤を判断する問題である。

解答のポイント

なんとなく雰囲気で選ぶのではなく、選択肢に書かれている内容の箇所をしっかり特定する（＝必要な情報の取り出し）。その上で、その箇所の内容が選択肢の記述と合致するのかを考える。

正解は②。

[4]段落（18～22行目）に

夜が明けてしまったので、（男君は、女二の宮のもとから）たいそうはやくお出になって、
明けぬれば、　いと疾く出で給ひて、
すぐにお手紙（＝後朝の文）をさしあげなさる。
やがて御文奉り給ふ。
「今朝はやはり（私は）いっそうしおれてしまう（＝悲しみに沈んでいる）。女郎花（＝女二の宮のたとえ＝あなた）にどのように降りた露（＝涙のたとえ）の名残であるか
「今朝はなほしをれぞまさる女郎花
いかに置きける露の名残ぞ
いつも時雨は」と書いてある。　（院が）お返事を促し申し上げなさると、（女二の宮は）たいそう遠慮がちな様子で、かすかな字で、
いつも時雨は」とあり。御返しそのかし申させ給へば、いと
つつましげに、　ほのかにて、
「今朝だけ特に時雨が降るのでしょうか。女郎花が一面に霜で枯れる野の辺りの常なので（時雨はいつも降っています。あなたが私のもとを離れ悲しみ沈む私はいつも涙を流していま
「今朝のみやわきて時雨れむ女郎花霜がれわたる野辺のならひ
を」
す）」と書いて、（下に）置きなさったのを
とて、うち置かせ給へるを

22～23行目に

御文字などまでも、平凡でなく美しい様子でわざわざお書きになっているので、
御手などさへ、なべてならずをかしげに書きなし給へれば、
待ってご覧になるにつけても、いろいろと理想どおりだとお思いになるに違いない
待ち見給ふも、　よろづに思ふやうなりと思すべし

とあることと合致する。

他の選択肢を検討すると、

①は、まず、「女二の宮は景色だけを詠んだ歌を返し」が不適切である。女二の宮の和歌にある「時雨れむ」は、「涙を流すこと」の比喩であるし、「霜がれ」の「がれ」は、「枯れ」と「離(か)れ」の掛詞(かけことば)である。よって、「景色だけを詠んだ歌を返し」たわけではない。また、「男君は、本心を包み隠し続ける女二の宮に対して、まだ自分に遠慮しているようだと思った」というのも、本文に該当する箇所がなく、そのように読み取ることができない。

③と④は、[5]段落に関する説明である。

③の選択肢の前半は、[5]段落（25～28行目）、

女二の宮のご様子を、（男君が）ゆったりと拝見なさると、たいそう女盛りで整って、
女宮の御さま、のどかに見奉り給ふに、いみじう盛りに調ひ
～見えると
て、～見ゆるに

の部分が対応しており、内容も正しい。しかし、選択肢後半の「女二の宮とこのまま結婚生活を続けて、密(ひそ)かに木幡の姫君とも関係を持とうと考えた」は、本文に該当箇所がなく、そのようなことは読み取ることができない。

④の選択肢の前半は、同段落の（24・25行目）、

（女二の宮が、男君の住む）邸宅へお入りになる儀式は、格別である。～見所が多くすばらしい

殿へ入らせ給ふ儀式、殊なり。～見どころ多くいみじ

の部分が対応しており、内容も正しい。しかし、選択肢後半の「男君と木幡の姫君の関係を察していた女二の宮は、この結婚の先行きに不安を感じた」は、やはり、本文に該当する箇所がなく、そのようなことを読み取ることはできない。

問5　複数のテクストの分析・評価

設問の傾向とねらい

複数の素材の関連を分析し、統合・評価する力を求めている。「提示された文章や資料などを読み解き、情報を組み合わせて考えること」を目指したものである。

二つの枝問に分かれているが、枝問を出題するにあたり、教師から配られた**【学習プリント】**と生徒が作成した**【ノート】**を提示している。選択肢がいずれも四択となっているが、複数のテクストを提示すると、読まなければならない字数が増えて、受験生の負担が大きくなることを考慮して、選択肢を四択としたのであろうと推測される。

解答のポイント

複数のテクストを分析・評価する問題は、今後も、教師と生徒の対話形式、学習プリントやノートを提示する形式、本文を解説した現代文の文章を提示するなど、いろいろな形での出題が予想される。ただ、どのような形で出題されても、本質は内容合致の問題であると考えるとよい。

内容合致は、選択肢の記述と本文の該当箇所を照らし合わせて、その正誤を判定する。

(i)　X ・ Y

まず、**【ノート】**上段を見ると、一つ目の項目に「『若草』は妹のことを指していると思われる」とあり、二つ目の項目から、和歌Ⅰの「人の結ばむこと」には、「人が結ぶようなこと」以外の意味が重ねられていることがわかる。

次に、**【ノート】**下段を見ると、一つ目の項目に、和歌Ⅱは、「妹からの返歌」で「和歌Ⅰの内容に対する驚きが表れている」とあり、二つ目の項目に、「自身が兄の気持ちにこれまで気づいていなかったことを示している」とあることから、和歌Ⅰの内容（そこに書かれている兄の気持ち）は、妹がこれまで気づいていなかったもので、かつ、驚くようなものであったということがわかる。

これらの情報をもとにして、二つの空欄に入る内容を考えていく。まず、X であるが、古文の「人」には、「他の人」

という意がある。和歌Ⅰの「人」はこの意であり、「人の結ばむこと」とは「他の人が結ぶようなこと」という意になる。【ノート】上段の二つ目の項目に「『人』が『若草』を『結ばむこと』」とあり、一つ目の項目に「『若草』は妹のことを指している」とあるのだから、「人の結ばむこと」とは「他の人が妹を結ぶようなこと」ということになる。では、これはどういうことなのであろうか。「結ぶ」の意がポイントとなる。この「結ぶ」は、「契りを結ぶ」の「結ぶ」なのである。「契りを結ぶ」で「男女が関係を持つ・結婚する」などという意になる。

次に Y であるが、ここまでの X に関する検討から、和歌Ⅰは、兄が妹に恋をしており、妹が他の人と結婚をするようなことをつらいと思うという兄の気持ちが詠まれているとわかる。兄が妹である自分に恋をしているということを知り、妹はとても驚いたというやりとりなのである。**正解は①**。

(ii)

(i)の問題は、兄が妹に恋をしていて、その妹が他の人と結婚することが気になるという内容であった。**【学習プリント】**の「ステップ2」に書かれているとおり、この点を踏まえて、傍線部**B**に表現された男君の心情を考えていく。

傍線部**B**を直訳すると、「どのような方であろうかと、人が結婚するようなことまでもつい思い続けてしまうことが、我ながらいやだと思い知らないではいられない」などとなる。文末の「にや・にか」は、後に「あらむ」などの語が省略されている（係り結びの省略。助詞「と」の上は文末扱いである）。「～にやあらむ・～にかあらむ」で「～(の)であろうか」などと訳す。「さへ」は、添加の副助詞で「(その上)～までも」と訳す。「うたて」は、自分の期待とは逆に、不快な方へ事態が進行する状態を表す語で「いやだ・嘆かわしい」という意。「思ひつづけらるる」の「らるる」と「思ひ知らるる」の「るる」は、それぞれ助動詞「らる」と「る」の連体形。どちらも、上に「思ひつづく」「思ひ知る」と、心情動詞があるので、自発（～ないではいられない・つい～てしまう）の意が適当である。では、これは男君のどのような心情なのであろうか。

まず、「我ながらいやだと思い知らないではいられない」とあるのだから、自己嫌悪の心情であることがわかる。ここから、選択肢を「自らの心境の変化に呆（あき）れている」とある②と「自分自身に嫌気がさしている」とある③に絞ることができる。①の「妹への思いを諦めようとしている」や④の「将来を想像して感慨に耽（ふけ）っている」では、自己嫌悪の心情を表しているとは言えない。

次に、②と③の選択肢の前半を検討すると、傍線部**B**には、男君が、木幡の姫君の結婚相手のことを、「どのような方であろうか」と思い続けてしまうと書かれているのだから、③の「女二の宮と結婚しても妹である木幡の姫君への思いを引きずっており、妹の将来の結婚相手のことまで想像してしまう」の記述が妥当であると判断できる。**正解は③**。

現代語訳

1 中納言はこのようなこと〔＝女二の宮との婚儀の準備が進められている状況〕であるにつけても、他の人にはわからない心の内では、あってはならない思い〔＝異母妹である木幡の姫君への恋心〕ばかり絶えることがなく、苦しくなってゆくのを、無理に気持ちを静めて月日を送っていらっしゃるが、宮のご容貌が評判だと聞いて心に留めていたので、どうせならば、ものの嘆かわしさ〔＝木幡の姫君への恋がかなわないこと〕がまぎれるほどに見なし申し上げたいとお思いになった。（院は、男君の）官位が低いことを物足りないことだとお思いになられて、（男君は昇進して）権大納言におなりになった。春の中納言も、いつものように（男君と）同じく（権大納言に）おなりになって、（昇進の）御礼を申し上げることも劣らずしなさるけれど、手の届かない枝〔＝女二の宮〕のことだけで、何かにつけて興ざめに思われなさった。

2 十月の十日過ぎに、（男君が）女二の宮（のもと）に参上なさる。心おごり〔＝得意になる様子〕は、言うまでもない。まず人目を避けて三条院へ参上なさる。（男君は、行く先が）たいして重要でない場所でさえ、格別な配慮をしなさる人であるので、（結婚する女二の宮のもとに行く際のご配慮は）まして並一通りのはずがない。仰々しいほど（衣に香を）薫きしめなさって、（身なりを）整えてお出になる直衣姿は、優美で、格別な配慮など、ほんとうに帝の御婿と言ったとしてもそれに不足なく、（女二の宮が）皇女と申し上げるとしても、平凡なご容貌では、並びがたいような男君のご様子である。人目を避けているけれど、先払いなど大勢でお出かけになるので、もし大宮〔＝男君の亡き母宮〕がご存命でいらっしゃったとしたら、どんなに晴れがましくお思いになりお喜びになったであろうと、殿はまず（大宮のことを）思い出し申し上げなさる。

3 院におかれては、（男君の女二の宮のもとへの来訪を）待ち受けなさるお心遣いは平凡ではない。（男君は）女二の宮のご様子を、早く目にしたいと思い申し上げなさるが、御灯火は、火がかすかな様子で、御几帳の内側にいらっしゃる（女二の宮の）灯火に浮かぶ姿は、まず悪くはあるまいと見えて、御髪がかかっている辺りは、すばらしく見える。まして、（男君が寄って行き）近い（女二の宮の）ご様子が、推し量っていたのと違わず、かわいらしい様子でおっとりとしたご様子であるのを、（男君は）気持ちが落ち着いて、思いがけず近づき寄っていた（恋の）道の迷い〔＝木幡の姫君〕にも、比べてしまいそうな気持ちがする（女二の宮の）人となりでいらっしゃるにつけても、まず思い出さないではいられなくて、どのような方（と結ばれるの）であろうかと、人〔＝木幡の姫君〕が（誰かと）結婚するようなことまでもつい思い続けてしまうようなことが、我ながらいやだと思い知らないではいられない。

4 夜が明けてしまったので、（男君は、女二の宮のもとから）たいそうはやくお出になって、すぐにお手紙〔＝後朝の文（一夜を共にした翌朝、男が女に送る手紙）〕をさしあげなさる。

「今朝はやはり（私は）いっそうしおれてしまう〔＝悲しみに沈んでいる〕。女郎花〔＝女二の宮のたとえ＝あなた〕にどのように降りた露〔＝涙のたとえ〕の名残であるかいつも時雨は」と書いてある。（院が）お返事を促し申し上げなさると、（女二の宮は）たいそう遠慮がちな様子で、かすかな字で、

「今朝だけ特に時雨が降るのでしょうか。女郎花が一面に霜で枯れる野の辺りの常なので（時雨はいつも降っています。あなたが私のもとを離れ悲しみ沈む私はいつも涙を流していますす）」

と書いて、（下に）置きなさったのを、（女房が、包み紙に）包んで出した。（男君の手紙を届けに来た）お使いには女房装束や、細長など、（引き出物を持たせるのは）いつものことである。御文字などまでも、平凡でなく美しい様子でわざわざお書きになっているので、待ってご覧になるにつけても、いろいろと理想どおりだとお思いになるに違いない。

5 こうして（男君は、女二の宮のもとに通い）三日過ごして、（女二の宮が、男君の住む）邸宅へお入りになる儀式は、格別である。寝殿の渡殿にかけて、（女二の宮と女房たちのお部屋を）準備なさる。女房二十人、召使いの少女四人、下女など、見所が多くすばらしい。女二の宮のご様子を、（男君が）ゆったりと拝見なさると、たいそう女盛りで整って、気のせいか気高く、洗練されているものの親しみやすい様子で、未熟なところがなくかわいらしい人の様子で、御髪は袿の裾と同じ状態で〔＝同じ長さで〕、姿が（映って）見えるほどきらきらと（背中に）かかっている様子など、（美しいこと）この上ない。（男君が）人知れず心にかかる木幡の里（の姫君）にも匹敵なさるに違いないと見えると、お気持ちは落ち着いて、（女二の宮との結婚は）たいそうかいがあるとお思いになった。

問5（『伊勢物語』より）

昔、男が、妹がとてもかわいらしい様子であったのを見ていて、

Ⅰ　若々しいので共寝をするのによさそうに見える若草〔＝あなた〕を、他の人が契りを結ぶようなことを（私は、つらいと）思う。

と申し上げた。（妹からの）返事は、

Ⅱ　なんと珍しい言葉であるよ。何の疑いもなく（あなたを兄と）思っていたなあ。

古文 2

源氏物語 ―紅葉賀(もみじのが)―

オリジナル問題

問題▼本冊24ページ

▼解答 (配点45点)

問1				問2	問3	問4		問5	問6
(ア)	④	(イ)	②	①	③	②	④	④	⑤
各5点				5点	6点	(順不同) 各6点		6点	6点

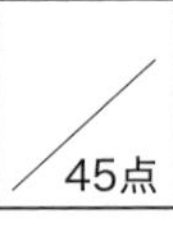
45点

問題文について

第一回・第二回の試行調査の出典でもあった『源氏物語』からの出題。字数は少なめではあるが、読み応えのある素材文であり、正しく読解・解答するためには、確実な文法・語句の習得が必要不可欠であるのはいうまでもない。

今回の本文は、光源氏の生涯を描く部分の中の「紅葉賀(もみじのが)」の巻の一節である。父桐壺(きりつぼ)の帝(みかど)の后(きさき)である藤壺(ふじつぼ)の女御(にょうご)を思う光源氏は、その藤壺に似た少女で、その姪(めい)にあたる若紫(わかむらさき)(後の紫の上)を理想的な女性として育てようと、自邸である二条院に引きとり養育していた。今回は、藤壺へのかなわぬ恋に苦しむ光源氏が、久しぶりに二条院に戻り、まだ幼い少女である若紫との会話に心を癒やされる場面である。

『源氏物語』は、予備知識(あらすじや登場人物などの知識)があると、読解には有利である。国語便覧などを用い、有名な作品に対しては、そのような対策もきちんとしておきたい。

設問について

「基本語句の理解」や読解問題の基本である「テキストからの情報の取り出し」という力を、共通テストと同レベルの異なる文章で確認できる。

また、共通テストでは、生徒と教師の対話というテクストを設定する形の問題が大きな特徴の一つであるが、**問4**に同形式の問題を配置した。「他のテクストとの相違点を踏まえ、書き手の意図を適切に判断する」という力が求められている。

問1 語彙――語句の解釈

設問の傾向とねらい

基本単語をしっかりと覚えた上で、文脈を踏まえて適切に理解できるかを問うている。

解答のポイント

1 辞書的な意味で確認をした上で、文脈で最終決定をする。
2 特に、呼応の副詞や連語には注意する。
3 敬語の訳も頻出。種類とその訳し方を確実に覚えておく。

(ア) **なつかしう**

正解は④。「なつかしう」は、シク活用の形容詞「なつかし」の連用形「なつかしく」がウ音便化したもの。「なつかし」は、「慣れ親しむ」という意の動詞「なつく」が形容詞になったものので、「親しみやすい・心ひかれる・魅力的だ」の意。

(イ) **心やすく／思ひ／聞こえ／て**

正解は②。「心やすく」は、ク活用の形容詞「心やすし」の連用形。「心安し」と書き、心が安らかな状態を表し、「安心だ・気楽だ・心穏やかだ」の意。「聞こえ」は、動詞の連用形である「思ひ」に接続しているので、補助動詞の用法。謙譲語で「（お）～申し上げる・お～する」の意。解釈問題で敬語が含まれている場合は、まずその部分の訳が正しいかを確認するとよい。今回も「聞こゆ」の語義と補助動詞としての用法で①・②に絞ることができ、「心やすし」の意で①は不適切とわかる。

問2 文法――総合

設問の傾向とねらい

波線部についての文法的な説明を並べ、その中から正しい選択肢を探すという問い。文意をきちんと理解した上で、選択肢を吟味できるかを問うている。

解答のポイント

1 傍線部を単語に分ける。
2 含まれている助動詞・助詞の用法をチェック。
3 敬語は特に、敬語の種類・敬意の対象をチェック。

正解は①。

a の「あな」は感動詞で、「あな～」の形で「ああ～だなあ」などと訳す。～の部分には、通常形容詞の語幹（シク活用の場合は終止形）がくる。よって、「にく」は、形容詞の語幹である。終止形が「し」で終わる語を形容詞というのだから、「にく」の後に「し」を入れることで「にく」は、「にくし（憎し）」の語幹であるとはっきりする。

b「弾かせ奉り給ふ」の「奉り給ふ」の部分は、種類の異なる敬語を重ねることによって、同時に二人を敬う二方面敬語の形になっている。二方面敬語は、特に「謙譲語＋尊敬語」の形が多く、動作主体（〜は・〜が）と動作客体（〜を・〜に・〜と）に対する敬意を表すものが多い。上の謙譲語が動作客体に対する敬意、下の尊敬語が動作主体に対する敬意を表す。ここは

（光源氏は）人をお呼びになって、御琴を取り寄せて、（女君に）お弾かせ申し上げなさる
人召して、　御琴取り寄せて、　弾かせ奉り給ふ

という文脈なので、上の謙譲語の「奉り」は動作客体の「女君（若紫）」、下の尊敬語の「給ふ」は動作主体の「光源氏」に対する敬意を表していることになる。

c「かき合はせばかり弾きて」の「せ」は、使役の助動詞「す」ではなく、名詞「かき合はせ」の一部である。

d「吹きすまし給へるに」の「る」は、完了・存続の助動詞「り」の連体形である。典型的な「る」の識別である。エ段音に付く「る」は、助動詞「り」の連体形であり、助動詞「る」ではないので注意したい。ここも、「給へ」とエ段音に付いている。

e「されど」は一語の接続詞であるが、元々は、「さあれど」が縮約したものである。「さ」は副詞で「そう・そのように」の意。「さあれど」で、「そのようにあるけれど・しかし」などと訳すことになる。

問3　内容説明

設問の傾向とねらい

傍線部の前の短い部分の内容をまとめて読み取れているかを問うている。

解答のポイント

1　読解問題の基本は、傍線部の前の、短い部分や段落や全体の内容をまとめて読み取ることであると常に意識。

2　なんとなく雰囲気で選ぶのではなく、解答に必要な箇所を特定し（＝必要な情報の取り出し）、その箇所と選択肢の記述を照合し検証。

3　因果関係には、特に注意。

傍線部の直前を見ると、

（光源氏が）お帰りになりながらも　すぐにもおいでにならないことが、
おはしながら　とくも渡り給はぬ、
なんとなく不満だったので
なま恨めしかりければ

とある。

「ければ」の部分は、過去の助動詞「けり」の已然形に、接続助詞「ば」が付いたものである。

文法のポイント【已然形＋ば】

古文では、「已然形＋ば」の直後の文に設問がしかけられることがとても多い。その際に大切なのは、「已然形＋ば」が「因果関係」を構成する表現になることが多いということである。

例えば、「雨降りければ、外に行かざりけり。」という文の構造を分析してみる。

原因 因 【雨降りければ（＝雨が降ったので）、】（已然形＋ば）
↓
結果 果 【外に行かざりけり（＝外に行かなかった）。】

「已然形＋ば」が含まれている部分が「原因」、直後の部分が「結果」となる。「原因と結果のつながり」を「因果関係」という。「原因」と「結果」は、常にセットで考えるものである。

つまり、「已然形＋ば」の直後の文に設問がしかけられている場合は、傍線部の吟味はもちろんのこと、「已然形＋ば」を含む直前の部分もきちんと検討することが大切である。

この設問も、因果関係を意識することで容易に解ける。女君は、「光源氏が帰宅したのに、すぐに自分のところに来なかったことが不満だった」のである。この内容に合致する選択肢③が正解。

問4 複数のテクストの分析・評価

設問の傾向とねらい

複数の素材を組み合わせた問題。和歌の修辞法である「引き歌」から、複数の素材の関連を分析し、統合・評価する力があるのかを問うている。

解答のポイント

和歌の修辞法と解釈のコツは、確実に習得しておく。

1 「引き歌」は、引用されている和歌の解釈が重要。
2 和歌の主題は、多く下の句でうたわれることが多い。倒置の歌を除き、特に下の句の解釈に注意する。

まず、傍線部**B**のもとになっている「潮満（み）てば入りぬる磯（いそ）の草なれや見らく少なく恋ふらくの多き」の歌について考えてみる。和歌の解釈は、和歌の前（後）に書かれている内容と関連づけて読むことが大切である。ここは、光源氏が自分になかなか会いに来なかった状況における女君の発言であることを考慮する。

「潮満てば」の「ば」は接続助詞で、「満つ」の已然形「満て」に付いている。「潮満てば」で、「潮が満ちると・満潮になると」などと訳す。「草なれや」の部分は、「なれ」は「草」という名詞に接続しているので断定（〜だ・〜である）の助動詞「なり」である。「や」は、ここでは疑問の終助詞。解釈の難しい「見らく」「恋ふらく」については、設問の会話中に解釈が書かれている。和歌全体の解釈としては、「満潮になると沈んでしまう磯の草であるのか。会うことが少なく恋しいことが多い」などとなる。引用された状況と関連づけて、人物を補ってみると、「（あなたは）満潮になると沈んでしまう磯の草であるのか。（私はあなたと）会うことが少なく恋しいことが多い」などとなる。弱冠十一歳の女君が、古歌の一節を引用しながら、光源氏に対して来てくれないことに対する不満を述べているのである。

　この段階で、①の生徒Aの意見が不適切となり、②が正しいとわかる。生徒Aの和歌の解釈を肯定している③と⑤の選択肢も不可となる。

　次に、傍線部**C**について考えてみる。「まさなき」は、ク活用の形容詞「まさなし」の連体形。「正無し」と書き、正しくない状態を表し、「よくない」の意である。

　では、何がよくないのであろうか。直前の「みるめに飽くは」について、もとになっている「伊勢の海人の朝な夕なに潜くてふみるめに人を飽くよしもがな」の歌を見ていく。

「潜く」は、字のとおり「もぐる」の意。上に「海人」とあることからもわかる。「てふ」は「チョウ」と読み、「と言ふ」の縮約形で「〜という」の意。「みるめ」は設問の会話中にあるとおり、「海松布（＝海藻の名前）」と「見る目（＝会うこと）」との掛詞である。「人」の解釈が難しいが、和歌の中の「人」は、まず「あの人・あなた」と訳してみるとよい。それでおかしければ、「私」や「立派な人」などとする。「飽く」は「満足する」の意。「よし」は「由」と書き、ここは、「手段・方法」の意。「もがな」は、「〜があればなあ・〜といいなあ」などと訳す願望の終助詞である。和歌全体の解釈としては、「伊勢の海人が朝夕に潜って採るという海松布のように、あの人に満足するまで会う方法があればなあ」などとなる。和歌の主題は、下の句でうたわれることが多い。この歌も「あの人に満足するまで会う方法があればなあ」の部分が主題であり、そのように思うことが「まさなし（＝よくない）」と、光源氏は言っているのである。よって、生徒Dの意見、④が正しいとわかる。

問5　表現の意図と効果

設問の傾向とねらい

単語・文法の確かな知識を踏まえた上で、傍線部の解釈や表現とその効果について問うている。基本的な文法事項を確実に押さえて、それを読解に生かせるかを試している。

解答のポイント

1 特に、重要語句・文法に注意し、正確に訳す。
2 人物の呼び名が途中で変化した際は、注意。

①は「光源氏と若紫のこと」が不適切。この「人々」は光源氏の家臣たちのことである。②は、「大きな声が聞こえて」が不適切。「声づくり聞こえて」は、「咳払いし申し上げて」の意。「声づくり」は複合動詞「声づくる」の連用形で、ここは「合図をするために咳払いをする」の意。光源氏の家臣たちが、源氏が気づくように咳払いをしたのである。「聞こえ」は、**問1**の(イ)と同様、動詞の連用形に接続しているので、補助動詞の用法。謙譲語で「(お)～申し上げる・お～する」の意である。

③は、「雨は降りそうもありません」が不適切。「雨降りはべりぬ」の「ぬ」は、助動詞「べし」が下に続くので終止形であり、完了・強意の助動詞「ぬ」である。「はべり」は、「降り」という動詞の連用形に接続しているので、補助動詞の用法。丁寧語で「～です・～ます」の意。助動詞「べし」は、まず当然(～はずだ・～に違いない)の意から考える。よって、「雨降りはべりぬべし」の直訳は、「雨がきっと降るに違いないです」となる。④の「女君」は、「男君」に対応する言葉である。古歌を引用して大人ぶった発言をした際は「女君」と表現していたが、作者は同一場面で「姫君」と使い分けることによって、まだ幼い若紫の様子を浮き立たせているのである。よって正解は④。⑤は、「若紫の心細さを強く伝える効果がある」が不適切。連語「例の」は、「いつもの・いつものように」の意で、ここは「屈し給へり」に係っており、心細さを強調しているのではない。いつも源氏が帰るときにふさいでしまうことが強調され、源氏に帰ってほしくない若紫の気持ちを表している。

問6 内容説明

設問の傾向とねらい

傍線部の前の、段落の内容をまとめて読み取る問い。

解答のポイント

1 読解問題の基本は、傍線部の前の、短い部分や段落や全体の内容をまとめて読み取ることであると常に意識。
2 なんとなく雰囲気で選ぶのではなく、解答に必要な箇所を特定し(=必要な情報の取り出し)、その箇所と選択肢の記述を照合し検証。
3 因果関係には、特に注意。

まず、傍線部**E**を解釈してみると、「ともかくも～打消」は、「なんとも・どうとも～ない」の意。「いらへ」(動詞「いらふ」の連用形)は、「答へ」と書き、「返事する・返答する」の意。「聞こえ」は謙譲の補助動詞で「（お）～申し上げる・お～する」、「給は」は、尊敬の補助動詞で「（お）～なさる・お～になる」の意。傍線部**E**全体の解釈は「どうとも返答し申し上げなさらない」などとなる。

　では、これはどのようなことなのであろうか。傍線部**E**の直前を見ると、**問3**と同様、「語らひ聞こえ給へば」と、「已然形＋ば」があるので、因果関係を確認することが大切だとわかる。「語らひ聞こえ給へば」の主体は光源氏であるので、傍線部**E**のような結果になったのは、直前の光源氏の発言が原因である。

（光源氏は）「私も、一日でも（あなたに）お目にかからないときはとてもつらい。
「我も、一日も見奉らぬはいと苦しうこそ。
けれど、（あなたが）幼くいらっしゃるうちは、気楽にお思い申し上げて、
されど、幼くおはする程は、心やすく思ひ聞こえて、
まず、恨み言を言う女性の機嫌を損ねまいと思って、（機嫌を損ねると）
まづ、くねくねしく恨むる人の心破らじと思ひて、むつかしけ
面倒なので、しばらくこのように出歩くのです。（あなたが）大人におなりになったとわかっ
れば、しばしかくも歩くぞ。おとなしく見なしては、
たならば、（私は）よそへも決して出かけません。人の恨みを受けまいなどと思うのも、
他へもさらに行くまじ。人の恨み負はじなど思ふも、
長生きをして、思う存分（あなたと）お会い申し上げたいと思うからです」などと、
世に長うありて、思ふさまに見え奉らむと思ふぞ」など、
こまごまと語り申し上げなさるので
こまごまと語らひ聞こえ給へば

この発言の部分の内容と選択肢の記述を照合する。

①は、「お別れがつらいので今日の外出はやめておくと言ってくれた」「うれしさのあまり」が不適切。②は、「恨み言を言う女性との関係を絶つのが難しいと他の女性の話をした」が不適切。③は、「あなたが大きくなったら常に一緒に外出をしよう」が不適切。④は、「女性らしく優雅にふるまえるようになったら自分と結婚すると約束をしてくれた」が不適切。⑤は、光源氏の発言の内容と合致している。正解は⑤。

現代語訳

（光源氏は）いつものように、なぐさめには（と思って）、西の対（たい）にお出かけになる。だらしなく膨らんだ感じになっていらっしゃる髪の毛筋、（上着のない）くつろいだ袿（うちき）姿で、笛を親しみ深く吹き鳴らしながら、のぞきなさったところ、女君が、さきほど庭先で見た撫子（なでしこ）の花が、露に濡れた風情そのままで、（脇息（きょうそく）に）もたれてうつむきなさっている様子は、かわいらしくいじらしい様子である。（その）魅力がこぼれるほどの様子で、（光源氏が）お帰りになりながらもすぐにもおいでにならないことが、なんとなく不満だったので、いつになく、向こうを向いていていらっしゃるのであるに違いない。（光源氏が）縁側の方に膝を突いて座って、「こちらに（おいでなさい）」とおっしゃるけれど、（女君は）顔を上げない。（女君が）「入りぬる磯の」と口ずさんで、（袖で）口を覆いなさっている様子は、とても大人ぶっていて、かわいらしい。（光源氏は）「ああ、憎らしいなあ。このようなことを口にするようにおなりになったのです

ね。『みるめに飽く』のは、よくないことですよ」と言って、人をお呼びになって、御琴を取り寄せて、(女君に)お弾かせ申し上げなさる。「箏の琴は、中の細い弦が切れやすいのが、面倒だ」と言って、低い調子に下げて、調子を整えなさる。掻(か)き合わせだけを弾いて、(女君の前に)おやりになったところ、(女君は)ずっとすねていることもできず、たいそうかわいらしくお弾きになる。小さいお体で、(手を)伸ばして、(弦を)お揺らしになるお手つきが、たいそうかわいらしいので、(光源氏は)いじらしいとお思いになって、笛を吹き鳴らしながら、(女君に琴を)お教えになる。(女君は)とても利発で、難しい調子などを、ただ一度で、お覚えになる。何から何まで洗練されていて、すばらしい御気性なので、(光源氏は)かねての望みが、かなうとお思いになる。保曾呂倶世利(ほそろぐせり)という曲は、名は嫌だけれど、(それを)おもしろく(光源氏が)吹きすましなさったところ、(女君は)それに合わせてお弾きになり、まだ未熟だけれど、拍子も間違えず、上手に聞こえる。

(人に命じて)灯(あか)りをつけてさしあげて、絵などをご覧になっていると、(今夜は)お出かけになる予定だと(あらかじめ仰せが)あったので、(光源氏の御供の)人々が、咳払いし申し上げて、「雨が降りそうです」などと言うので、姫君は、いつものように心細い様子でふさいでいらっしゃる。絵を見るのも途中でやめてうつ伏しておいでになるので、(光源氏は)とてもいじらしいとお思いになり、御髪で、たいそう美しくこぼれかかっているのを、撫(な)でながら、「(私が)他にいる間は、恋しいですか」とおっしゃると、(姫君は)うなずきなさる。(光源氏は)「私も、一日でも(あなたに)お目にかからないときはとてもつらい。けれど、(あなたが)幼くいらっしゃるうちは、気楽にお思い申し上げて、まず、恨み言を言う女性の機嫌を損ねまいと思って、(機嫌を損ねると)面倒なので、しばらくこのように出歩くのです。(あなたが)大人におなりになったとわかったならば、(私は)よそへも決して出かけません。人の恨みを受けまいなどと思うのも、長生きをして、思う存分(あなたと)お会い申し上げたいと思うからです」などと、こまごまと語り申し上げなさるので、(姫君は)そう(=まだ幼いと)はいうもののやはり恥ずかしくて、どうとも返答し申し上げなさらない。

問4(**『万葉集』『古今和歌集』**より)

潮満てば…満潮になると沈んでしまう磯の草であるのか。会うことが少なく恋しいことが多い

伊勢の海人の…伊勢の海人が朝夕に潜って採るという海松布のように、あの人に満足するまで会う方法があればなあ

宇治拾遺物語／古本説話集／大和物語

オリジナル問題

問題▼本冊36ページ

▼解答（配点45点）

問1	問2	問3	問4	問5	問6
④	⑤	⑤	④	②	⑤
7点	7点	7点	7点	7点	10点

／45点

問題文について

「季縄の少将」に関する逸話の同一場面を、鎌倉時代の説話集である『宇治拾遺物語』、平安～鎌倉時代の説話集である『古本説話集』、平安時代の歌物語である『大和物語』という、三つの文章で提示している。

共通テストの大きな特徴の一つでもある、表記の異なる複数のテクストで同一場面を比較することをとおして、登場人物の心情や言動の意味、表現の工夫などの理解を問うことを主眼としている。一つ一つの題材のレベルは決して難しくなく、「情報を組み合わせて考えること」の訓練を意識したものになっている。

設問について

「基本語句の理解」を中心とし、同一場面を表記の異なる複数のテクストで読むことで、「情報を組み合わせて的確に理解する力」を確認できる。

問1 和歌の解釈

設問の傾向とねらい

文脈を踏まえた上で、和歌を適切に解釈できるかを問う。

解答のポイント

和歌の修辞法と解釈のコツは、確実に習得しておく。

1　句切れは、句末に文末に相当する表現がないか確認する。

> **2** 和歌の主題は、下の句でうたわれることが多い。
> ※倒置が用いられている場合を除く。

和歌の解釈は、和歌の前（後）に書かれている内容と関連づけて読むことが大切である。この和歌は、病気の少将が、小康状態のときに参上して退席する際、3行目に、

明後日ごろに、また参上しましょう
明後日ばかりに、また参り侍らん

と告げた三日ほどのちに贈られてきた和歌である。ということは、少将は「明後日＝二日後」に約束どおり参上できていないのである。そして、和歌を贈った後に「失せ」（6行目）てしまっていることを考慮する。

まず、①の選択肢にある句切れについて確認してみる。和歌の句切れとは、句末で句点が打てる箇所をいう。句点は文末に打つものなので、句末に文末に相当する表現がないかを確認する。具体的には、終止形や命令形、係り結びの結び、終助詞などが句末にあれば、その直後に句点を打ち、句切れとする。この和歌は、係助詞「ぞ」の結びが「契りける」の「ける（過去の助動詞「けり」の連体形）」なので、「ける」の直後で句点を打ち、句切れとする。よって、三句切れであり、①の選択肢は正しいことがわかる。

次に和歌を解釈してみる。初句の「くやし」は、自分が過去にした行為に対して後悔する気持ちを表し、「後悔せずにはいられない・残念だ」などの意。結句の「ましものを」は、助動詞「まし」に逆接詠嘆の終助詞「ものを」が付いたもの。この「まし」は、反実仮想（もし～だったら…だったろう）やためらいの意志（～しようかしら）ではなく、「～すればよかったのに」と訳す、反現実的な願望を表す用法である。基礎的な語句・文法は確実に習得しておかなければならない。

和歌全体の解釈としては、「後悔せずにはいられないことにも、のちに会おうと約束したことだ。今日で最期だと言えばよかったのに」などとなる。病気が回復しなかったことを悔やんでいるのではなく、今日で最期だと言えばよかった、つまり「明後日ばかりに、また参り侍らん」と約束したことを悔やんでいるのである。なお、この和歌に掛詞や縁語は用いられていない。よって、②・③・⑤の選択肢は正しく、**④が和歌の内容と合致せず正解**となる。

問2 表現の意図と効果

設問の傾向とねらい

語句・文法の確かな知識を踏まえた上で、傍線部の表現とその効果について問うている。基本的な文法事項を確実に押さえて、それを読解に生かせるかを試している。

解答のポイント

1　特に、重要語句・文法に注意し、正確に訳す。
2　補助動詞や特殊な敬語の用法も確実に押さえておく。

正解は⑤。⑤の「奏す」は、絶対敬語などと呼ばれるものであり、敬う対象が決まっている敬語である。謙譲語で、「天皇（上皇・法皇）に申し上げる」という意。**【文章Ⅰ】**と**【文章Ⅱ】**の同じ部分を見ると、どちらも「申させ給（たま）へ」となっているのに対して、**【文章Ⅲ】**は、「奏し」となっていることで、申し上げてほしい対象が天皇であることがすぐにわかる。

①は「季縄の病状が実際は回復に向かっている」が不適切。「怠りはてねど」は、品詞分解すると、「怠り／はて／ね／ど」となる。「怠り」は、ラ行四段活用の動詞「怠る」の連用形。「怠る」は、進行していた物事が停滞する様子を表す語である。「怠ける」という意もあるが、古文では「病気がよくなる」という意を忘れてはならない。ここも、前に病気の記述がある。「はて」は、動詞の連用形に接続しているので補助動詞の用法。「すっかり～する・～し終わる」の意。「ね」は、打消の助動詞「ず」の已然形。已然形に接続する「ど」は、逆接の接続助詞である。全体の解釈としては、「病気はすっかりよくなったわけではないけれど」などとなる。

②は、「季縄の病気の回復が困難であることを暗示している」が不適切。「むつかしう」は、シク活用の形容詞「むつかし」の連用形「むつかしく」のウ音便の形。「むつかし」は、動詞「むつかる」が形容詞化した語で、機嫌が悪くむずかる様子を表し、「不快である・うっとうしい」などの意である。古文の「むつかし」には「難しい」という意はない。ここは、季縄が病気で参上できないことが「むつかし」と言っているのである。

③は、「係助詞『なむ』は、季縄が宮中にわざわざ来たことを強調している」が不適切。係助詞「なむ」は、それを含む文節を強調する。よって直下の「参りつる」ではなく、直前の

心もとなく侍れば（気がかりでございますので）

を強調しているのである。

④は、「季縄の早く退席したいという気持ちを鮮明にしている」が不適切。「まかり出（い）づ」は、「出づ」の謙譲語で、「退出する」の意。ここは、あくまで「今日のところはこれで退出して、明後日にまた参りましょう」という話であり、この表現から「季縄の早く退席したいという気持ち」を読み取ることはできない。

問3　文法――総合

設問の傾向とねらい

傍線部についての文法的な説明を並べ、その中から正しい選択肢を探すという問い。文意をきちんと理解した上で、選択肢を吟味できるかを問うている。

解答のポイント

1　傍線部を単語に分ける。
2　特殊な用法を持つ動詞には注意。
3　敬語は特に、敬語の種類・敬意の対象をチェック。

まず、傍線部を直訳してみる。単語に分けると、「いかが／ものし／給ふ」となる。「いかが」は副詞で、「どう」の意。「ものし」は、サ変動詞「ものす」の連用形。「ものす」は、代動詞であらゆる動詞の代わりとして使用できるが、尊敬語が下接した「ものし給ふ」という形の場合は、多く「あり・をり・行く・来」の意味で使われており、「ものし給ふ」で「いらっしゃる・おありになる」と訳すことが多い。ここもその用法である。全体の解釈としては、「どういらっしゃるのか」などとなる。

では、誰がどういらっしゃるのであろうか。省略されている主体を考えてみる。会話文中で主体が明記されていない場合、その主体は、「私（一人称）」か「あなた（二人称）」か「あの人（話し手同士が共通に認識しうる第三者）」のいずれかであるが、まずは、「私」としてみるとよい。尊敬語の存在や命令文など、一人称の主語を拒絶する表現がある場合は、「あなた」にしてみる。それでもおかしい場合は、「あの人」と考えていけばよい。

ここは、「（ものし）給ふ」と尊敬表現があるので、「私」ではおかしい。「あなた」としても、「あなた＝使いの者」となってしまい、やはりおかしい。よって、省略されている主体は「あの人」であると判断できる。この場面で、公忠（きんただ）と少将の使いの者が「あの人」と言って共通に認識できる第三者は「季縄の少将」である。この文は、公忠が、少将の使いの者に対して、「少将はどうしていらっしゃるのか」と尋ねているのである。

「給ふ」は、尊敬語で主体敬語であり、主体である季縄の少将に対する敬意である。また、「　」の中の敬語は、「　」の話し手からの敬意を表すので、誰からは、公忠からとなる。よって、⑤が正解となる。

また、この「給ふ」は、上に「いかが」と、疑問の語があるので、終止形ではなく連体形である。これによって、③は不適切とわかる。基礎的なルールであるが、覚えていない人が多い。きちんと押さえておきたい。

問4　語句補充――省略されている語句

設問の傾向とねらい

文脈との関連において、補いうる語句を適切にとらえることができるかを問うている。

解答のポイント

1　傍線部を正確に解釈する。

2　前後のつながり、特に会話文では、相手とのやりとりから、話題にしていることをしっかりとつかむ。
3　省略されているであろう表現を自分なりに考えた上で、選択肢を吟味する。

まず、傍線部を直訳してみる。特に難しい表現はない。「ただ今すぐに参上して」などとなる。では、今すぐに参上して、「どうする」のであろうか。前後のつながりを丁寧に確認する。ここは、会話の場面であるので、相手とのやりとりをきちんと見ていく。

悲しい内容の和歌をよこした少将について、公忠がその様子を使いの者に聞いてみる。すると、使いの者が「(少将様は)いと弱くなり給ひにたり」と泣きながら話してくるので、公忠は、

さらにえ聞こえず　まったく聞き取ることができない

という状態である。そこで、公忠が「みづから、ただ今参りて」と言ったという文脈である。少将の様子が気になって尋ねたのに、使いの者が泣きながら話しているので、その内容を聞き取ることができないということが書かれている。以上のことから考えると、「少将の様子を見たい・知りたい」などという表現の省略であると推測できる。

選択肢を見ていくと、①は、文末の「未然形＋ばや」が、自己の願望（〜したい）を表す終助詞で、「様子を知らせたい」の意。②は、文末の「未然形＋なむ」が、他者に対する願望（〜してほしい）を表す終助詞で、「様子を知ってほしい」の意。③は、文末の「む」が助動詞で、この場合は、「私は」と、一人称主語になる（会話文中の主体の補い方は、**問3**の解説を参照）ので、意志（〜しよう・〜したい）と判断するのが適切。「様子を聞かせよう・聞かせたい」の意。④は、「奉る」が、「見る」という動詞に接続しているので、補助動詞の用法。謙譲語で「(お)〜申し上げる・お〜する」の意。文末の「む」は③と同様、意志と取るのが適切。「様子を見申し上げよう・見申し上げたい」などとなる。⑤は、「給ふ」が補助動詞かつ四段活用なので、尊敬語とわかる。「(お)〜なさる・お〜になる」の意。文末の「かな」は、詠嘆（〜だなあ・〜ことよ）の終助詞で、「様子を見なさるのだなあ」の意。

以上のことから、文脈に合う**適切な語句は④の「さまを見奉らむ」**である。

問5　解釈

設問の傾向とねらい

基本単語をしっかりと覚えた上で、文脈を踏まえて適切に理解できるかを問うている。

解答のポイント

1 傍線部を単語に分ける。
2 含まれている重要語句（特に古今異義語・多義語）・文法をチェック。
3 必ず文脈で最終確認をする。

正解は②。

傍線部を単語に分けると、「いと／いみじう／騒ぎ／ののしり／て、／門／さし／つ」となる。

「いと」は副詞で「とても」の意。「いみじう」は、シク活用の形容詞「いみじ」の連用形「いみじく」のウ音便の形。程度の甚だしさを表し、「とても」の意。「ののしる」は、大きな声や音を立てることを表し「大声で騒ぐ」の意。入試最頻出の古今異義語である。「さしつ」は、サ行四段活用の動詞「さす」の連用形に完了の助動詞「つ」が付いたもの。「さす」は多義語であるが、ここは上に「門」とあるので、「鎖す」と書いて「閉ざす・鍵をかける」の意。教科書レベルの基本単語である。全体の解釈としては、「たいそうひどく大声で騒いで、門を閉ざしてしまった」などとなる。

ちなみに、人の死とは、古文の時代では最大級の「穢（けが）れ」に触れたことになる。「穢れ」に触れた場合は、「物忌（ものい）み」といって、家に一定の期間閉じこもり、外部との接触を避けるという習慣があった。そのために、門を閉ざしたのである。古典常識もきちんと押さえておきたい。

問6 複数のテクストの分析・評価

設問の傾向とねらい

複数のテクストを比較して、その共通点と相違点を吟味する問い。

解答のポイント

1 各文章での同じ部分・異なる部分を意識する。
2 テクスト全体の精査・解釈によって得られた情報を自分なりにまとめる。

①は適切である。季縄は、自身の病状を把握しきれていなかったから、「明後日にまた参上しよう」という旨の発言をしたと考えられる。その発言に対して後悔の気持ちを詠んだ和歌を贈ったという話である。

②は、**【文章Ⅱ】**の最後の行に「その日失せにけりとぞ」とある。文末が「〜とぞ・〜となむ・〜とや・〜とか」で終わっている場合は、係り結びの省略で、直後に「言ふ・聞く」などの語の省略がある。すべて「〜ということだ・〜と聞くことだ」と伝聞の意味を表す表現である。このことから②は適切であ

る。

③も適切である。すべての文章で、季縄の和歌の付近に、誰に贈ったかが直接書かれておらず省略されているが、和歌を贈った相手は、すべて公忠として書かれていると考えられる。

④も適切である。【文章Ⅲ】のみ、季縄が死んだ後のことも書かれており、公忠と帝の、季縄に対する思いも読み取ることができる。

⑤は不適切である。【文章Ⅲ】にのみ、「帝もかぎりなくあはれがり給ひける」と、帝の季縄に対する寵愛がはっきり書かれてはいるが、【文章Ⅰ】と【文章Ⅱ】にこの記述がないことが「帝の特定の人物に対する寵愛を知られないようにするための作者の配慮」だとは断定できない。よって、正解は⑤。

現代語訳

【文章Ⅰ】

今となっては昔のことだが、季縄の少将という人がいた。病気になったのち、少しよくなって、宮中に参上していた。公忠の弁が、掃部助で蔵人であったころのことである。（少将は）「気分が悪く、まだ十分には病気はよくなっておりませんけれども、（宮中での職務が）気がかりで参上しました。今後のことはわからないけれども、このように今日まで生きておりますので、明後日ごろに、また参上しましょう。よいように（帝に）申し上げてください」と言って退出した。三日ほどたって、少将のもとから、

　後悔せずにはいられないことにも、のちに会おうと約束したことだ。（あのとき）今日で最期だと言えばよかったのに

そして、その日（少将は）亡くなってしまった。しみじみと悲しい事の様子である。

【文章Ⅱ】

この季縄は、病気になって、少しよくなって、宮中に参上していた。公忠の弁が、掃部助で、蔵人であったころのことである。（少将は）「気分が悪く、まだ十分には病気はよくなっておりませんけれども、（宮中での職務が）気がかりで、参上しました。今後のことはわからないけれども、このように今日まで生きておりますことですよ。明後日ごろまた参上しましょう。よいように（帝に）申し上げてください」と言って退出した。三日ほどたって、少将のもとから、

　後悔せずにはいられないことにも、のちに会おうと約束したことだ。（あのとき）今日で最期だと言えばよかったのに

そして、その日（少将は）亡くなってしまったということだ。しみじみと悲しい事の様子である。

【文章Ⅲ】

同じ季縄の少将が、たいそうひどく病気を患って、少しよくなって、宮中に参上していた。近江の守である公忠の君が、掃部助で蔵人であったころのことである。（少将が）その掃部助に会って言うことは、「病気はすっかりよくなったわけではな

いけれど、（家にいると）とてもうっとうしく、（宮中での職務が）気がかりでございますので参上しました。今後のことはわからないけれども、このように今日まで生きておりますことですよ。（今日はこれで）退出して明後日ごろに参上しましょう。よいように帝に申し上げてください」などと言い残して退出した。三日ほどたって、少将のもとから、手紙をよこしてきたのを（公忠が）見ると、

　後悔せずにはいられないことにも、のちに会おうと約束したことだ。（あのとき）今日で最期だと言えばよかったのに

とだけ書いてある。（公忠は）たいそう驚いて、涙をこぼして使いに尋ねる。「（少将は）どうしていらっしゃるのか」と尋ねると、使いの者も、「（少将様は）たいそうお弱りになっています」と言って泣くのを聞くが、（泣きながら話しているので）まったく聞き取ることができない。（公忠は）「私自ら、ただ今すぐに参上して（少将の様子を見申し上げたい）」と言って、実家に車を取りにやって待つ間は、たいそうじれったい。（公忠は）近衛の御門〔＝陽明門〕に出ていって、（車を）待ち受けて（車が来るとすぐ）乗って（少将のもとへ）駆けつけた。

　五条に少将の家があるが（公忠が）そこに行き着いてみると、（人々が）たいそうひどく大声で騒いで、門を閉ざしてしまった。（少将が）死んだのであったよ。（公忠は）取りつぎを頼むけれど、何のかいもない。たいそう悲しくて、泣く泣く帰った。（公忠は）このような〔＝少将が死んだ〕状態であったことを、以上の内容を帝に申し上げると、帝もこの上なくしみじみと悲しくお思いになった。

平治物語

オリジナル問題
問題▼本冊44ページ

解答（配点45点）

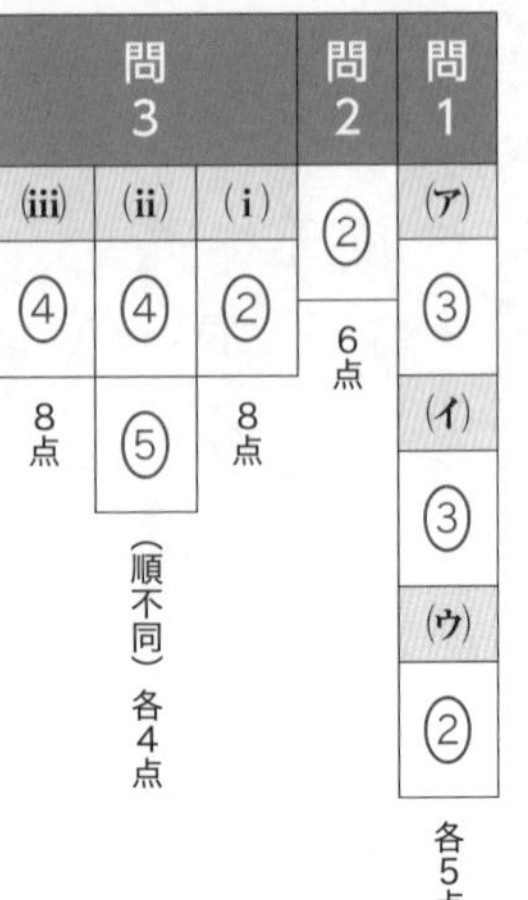

問	設問	解答	配点
問1	(ア)	③	各5点
	(イ)	③	
	(ウ)	②	
問2		②	6点
問3	(i)	②	8点
	(ii)	④ ⑤	（順不同）各4点
	(iii)	④	8点

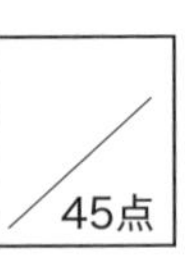

/45点

問題文について

古文と現代文による複数テクストからの出題。二つの文章の比較をとおして、登場人物の心情や言動の意味、表現の工夫などの理解を問うことを主眼としている。「情報を組み合わせて考えること」の訓練を意識したものになっている。

設問について

「基本語句の理解」を中心とし、古文とその古文に対する現代文による解説という複数のテクストを読むことで、「情報を組み合わせて的確に理解する力」を確認できる。

問1 語彙――語句の解釈

設問の傾向とねらい

本文中で使われている語句について、文脈との関連において現代の意味に適切に置き換えることができるかを問う。

解答のポイント

1 傍線部を単語に分ける。
2 含まれている重要語句（特に古今異義語・敬語）・文法をチェック。
3 必ず文脈で最終確認をする。

(ア) **片時／も／生き／て／やは／ある／べき**

正解は③。「やは」は、主に反語（〜か、いや、〜ない）を表す係助詞。反語でおかしい場合は、疑問（〜か）とすればよい。文末の「べき」は、助動詞「べし」の連体形。係助詞「やは」の結びになっている。ここは、可能推量の意味が適切。全体の解釈としては、「ほんのわずかな時間も生きていることができるだろうか、いや、できない」などとなる。正確に反語で訳出できている選択肢は、③しかない。④は、「べし」を可能推量で訳出できているが、反語の解釈が不適切である。

(イ) いかに／憐れみ／給ふ／らん

正解は③。「給ふ」は敬語で、「憐れみ」という動詞の連用形に接続しており、四段活用なので、尊敬の補助動詞で「(お)～なさる・お～になる」の意。解釈の問題で敬語が含まれている場合は、まず敬語の訳が正確かどうかを確認するとよい。選択肢を見ると、きちんと尊敬語で訳出できている選択肢は、②・③・④である。①の「いただく」は謙譲語、⑤の「おります」は丁寧語である。

初めの「いかに」は、形容動詞「いかなり」の連用形から転じた副詞。もとの形容動詞の意味で、状態・性質・方法を問いかける「どのように」の意、原因・理由を問いかける「どうして」の意、程度を強調する「どんなに(か)・さぞかし」の意という、三つの意味が特に大切である。「いかに～推量」の形の場合は、「どのように」や「どんなに(か)・さぞかし」の可能性が高く、ここは、文末に現在推量(～ているだろう)の助動詞「らん(らむ)」があり、観音の憐れみを強調しているという文脈から、「どんなに(か)・さぞかし」の意が適切である。全体の解釈としては、「さぞかし憐れみなさっているだろう」などとなる。②・④は、どちらも、「いかに」と助動詞「らん」の訳出が不適切である。

(ウ) しのび／て／も／おはせ／かし

正解は②。「おはす」は敬語で、動詞の連用形に接続していないので本動詞の用法。「いらっしゃる・おありになる」の意。選択肢①は、尊敬語の訳出がなく不適切。④の「お仕えする」は謙譲語なので不適切。

「しのぶ」は、「忍ぶ」と書き、「我慢する」や「人目を避ける」という意味、「偲ぶ」と書き、「懐かしむ」などの意味が特に大切である。ここは常葉が子供を連れて逃げている場面であり、「人目を避ける」の意が適切である。全体の解釈としては、「人目を避けていらっしゃいよ」などとなる。師の僧は、「人目をはばかってここにいらっしゃいよ」と、常葉をかくまう意思を告げているのである。

問2 古文常識

設問の傾向とねらい

伝統的な言語文化や漢字に関することについて理解できているかを問うている。

解答のポイント

1 問われている時刻が、十二支の何番目に当たるのかを確認。

2 時刻を求める公式を利用する。

古文常識のポイント【古文の時刻を求める公式】

古文の時刻は、「子・丑・寅・卯・辰・巳・午・未・申・酉・戌・亥」という十二支を用いて表す。時刻を問われた際は、「2（n－1）±1」という公式を用いる。nの部分には、問われている時刻の動物が十二支の何番目に当たるかを数え、その数字を入れる。

※公式の答えは24時間制の時刻なので、適宜、12時間制に直す。

「卯の時」は十二支の4番目なので、「2（4－1）±1」を計算する。「6±1」となるので、午前5時から午前7時となるが、選択肢は、「(午前・午後)～時ごろ」となっている。その場合は、計算して出た数値の間を取る。午前5時から午前7時の間であるので、午前6時ということになる。正解は②の「午前六時ごろ」。

一言「午前」「午後」には、「午」の字が使われている。「午」は十二支の7番目。公式で計算すると11時から13時となり、12時ごろということになる。「午の時」が12時ごろなので、それより前で「午前」、それより後で「午後」といっているのだとわかる。

単純な古文常識を問う問題が出題される可能性はあまり高くはないが、読解の手助けになる分野であるので、文学史も含めてきちんと学習をしておきたい。

問3 複数のテクストの分析・評価

(i)

設問の傾向とねらい

複数のテクストを読んだ上で、文章中で描かれた人物について読み取る問題。古文の内容を理解した上で、その古文を解説するテクストの表現に注目して、登場人物の心情や言動の意味をとらえることができるかを問うている。

解答のポイント

1 傍線部を正確に解釈する。
2 それぞれのテクストでの対応箇所をきちんと確認する。
3 因果関係（解説P17参照）には特に注意。

まず、【文章】の4段落の「今は仏神の御助けならでは、また、頼もしき方も候はず。」の部分を訳してみる。

単語に分けると、「今／は／仏神／の／御助け／なら／で／は、／また、／頼もしき／方／も／候は／ず。」となる。

「御助けならでは」の「なら」は、「御助け」という名詞に接続しているので、断定（～である・～だ）の助動詞「なり」で、ここは、「なら」と未然形になっている。下の「で」は、打消の接続助詞で「～ないで・～なくて」の意。「方」は、「かた」

と読み、「①方面・方向、②方法」などの意。「候は」は、上に動詞の連用形がないので本動詞の用法。本動詞の場合は、丁寧語と謙譲語の可能性があるが、ここは「お仕えする・お控えする・伺候する」などと謙譲語で訳出しても文意が通じない。丁寧語で「あります・おります・ございます」の意。全体の解釈としては、「今は仏神のお助けでなくては、また、頼りになる方面もありません。」などとなり、きちんと解釈できれば、まずdが正しいとわかる。また、**【解説文】**の17・18行目に「ありがたい誘いに感謝しつつ、それを断る常葉は、今となっては『仏神の御助け』以外に頼みになるものは何もない、と言います」とあることも大きなヒントになる。

では、他にはどのような心境が考えられるのであろうか。二重傍線で示された「今は～候はず。」を含む常葉の発言の直前を見ると、「言ひければ」と、「已然形＋ば」があるので、因果関係を確認することが大切だとわかる。「言ひければ」の主体は師の僧であるので、常葉が「今は～候はず。」のような発言をしたのは、直前の師の僧の発言が原因である。

> 「雪の晴れ間までは、しのびてもおはせかし」と言ひければ
> 「雪が晴れる間までは、人目をはばかって（ここに）いらっしゃいよ」と言ったところ

「今は～候はず。」は、常葉が師の僧の差し伸べてくれた誘いを断った上での発言であることがわかる。師の僧について触れている選択肢は、bのみであるし、**【解説文】**の18～20行目に「人の心は弱いもの、つかまって拷問されれば、かくまっていることを白状するのは目に見えている。『頼みがたきは人の心』と思いつめていた気持が、この『仏神の御助けならでは』という言葉に表れているのです」と書いてあることもやはり大きなヒントになる。bも正しい。よって、b・dの組み合わせの②が正解。

(ii)

設問の傾向とねらい

(i)と同様に、テクストを読んだ上で、文章中で描かれた表現についてその原因を読み取る問題。古文の内容を理解した上で、テクストの表現に注目して、登場人物の言動の意味をとらえることができるかを問うている。

解答のポイント

1 それぞれのテクストでの対応箇所をきちんと確認する。
2 読解問題の基本は、傍線部の前の、短い部分や段落や全体の内容をまとめて読み取ることであると常に意識。

【解説文】の傍線部Bに該当する箇所を**【文章】**から探してみると、5段落の「母ひとり～魂をまどはす」（24～26行目）の部分が該当するとわかる。その部分の内容をまとめる問題ではないかと考え、その部分を見てみる。

母一人で、このありさまを見たとかいう心の中は、言いようがない。子供の泣
母ひとり、これを見けん心の中、いふはかりなし。子供泣
く声が高いときは、敵が聞いているだろうかと苦心し、行き合う人が、
く声のたかき時は、敵や聞くらんと肝を消し、行きあふ人の、
「これはどのように（＝どうしたのですか）」と憐れみ尋ねることも、嫌な気持ちがあって
「こはいかに」と憐れみ尋ふも、うき心ありてや
問うているのであろうかと、魂を惑わす。
問ふらんと、魂をまどはす。

そもそも常葉はどうして逃亡しているのであろうか。これは本文全体の内容を踏まえなくてはならない。[1]・[2]段落にもあったとおり、常葉は、殺害された義朝（よしとも）の三人の子供たちが平家に殺されてしまうことから逃れるために、三人の幼い子供を引き連れて逃亡しているのである。子供が大きな声で泣けば、六波羅（【文章】の注7にもあるとおり、平家の本拠地）の真ん中で、平家の者に聞かれているのではないかと、気が気ではない。それが彼女の気持ちを「張り詰めたまま」にしているのである。

以上のことから、**正解は④・⑤**。

(iii)

設問の傾向とねらい

古文の内容を理解し、その鑑賞文の説明をとおして、書き手の読み手に対する工夫について理解することができるかを問うている。

解答のポイント

なんとなく雰囲気で選ぶのではなく、選択肢の内容と本文の該当箇所との照合をきちんとする。

それぞれの選択肢の内容を、【解説文】との対応を考えながら確認していく。

①は、「強い口調で自身の見解を押しつけている」が不適切。最初に「私は思っております」とあるし、全体をとおして「です・ます」調の文体である。

②は、「言葉の巧みな言い換えを多用することにより」が不適切。言葉の巧みな言い換えの多用は特に見られない。

③は、「複数の解釈を提示する一方で、自身の独自の見解を提示する」が不適切。複数の解釈は提示していない。

④が正解である。選択肢の内容のとおりである。

⑤は、「終始、読者に疑問を提示する形で展開されており」

が不適切。疑問を提示する形で書かれている文章ではない。

現代語訳

【文章】

1 九条院の雑仕常葉の腹（から生まれた子供）に、子供が三人いる。幼いけれども、みな男子であるので、「そのままではすまないだろうことよ〔＝殺されるであろう〕」など、世の人は、うわさをしている。

2 常葉は、このことを聞いて、「私は左馬頭に先立たれて嘆くことさえもある上に、この子供を殺されては、ほんのわずかな時間も生きていることはできない。幼い者たちを引き連れて、思いどおりにはならないまでも身を隠そう」と決心する。老いている母がいるのにも知らせず、召し使う女も大勢いるけれども、あてにすることができないのは人の心であるので、それら〔＝召し使いたち〕にも知らせず、夜に紛れてあてもなく家を出る。兄は今若といって八つになる。真ん中は乙若といって六つ、末っ子は牛若といって二歳である。年上の子〔＝今若〕を先に立たせて歩かせ、牛若を胸に抱いて自邸を出た。心がどうしようもないので出発したけれど、行く末はどこにとも判断できず、足にまかせて行くうちに、長年信仰していた御利益であろうか、清水寺へ参詣している。

3 その夜は、観音の御前で夜どおし祈願する。二人を左右の側に寝かせて、衣の褄を着せ、幼い牛若を懐に抱いて、一晩中泣かせまいとなだめすかしていた、心の中は言いようがない。常葉は、「三人の子供の命を、お助けください」と、祈る以外に、また心にかけて申し上げることもない。一晩中、泣きながら祈り申し上げるので、観音様もさぞかし憐れみなさっているだろうと思われた。

4 明け方近く、師の坊へ行った。（師が）湯漬けなどを出してすすめたけれども、常葉は、胸がふさがって、まったく見向きもしなかった。子供たちに、あれこれなだめすかして食べさせた。常日頃参詣していたときは、さも立派な乗り物、下部・牛飼も華やかに出発してお供をしていたので、本当に左馬頭の最愛の気持ちも表れて、すばらしく見えていたが、今は人に怪しまれまいと思って、身にはきちんとした衣装もまとわず、幼い子供を引き連れて、泣き悲しんでいるありさまは、目も当てられず、師も涙を流した。（師が）「雪が晴れる間までは、人目をはばかって（ここに）いらっしゃいよ」と言ったところ、（常葉は）「うれしくは聞こえますけれど、この寺は、六波羅に近い辺りであるので、どう見ても具合が悪いはずです。今は仏神のお助けでなくては〔＝お助け以外では〕、また、頼りになる方面もありません。観音様にも、十分にお祈り申し上げなさってくださいよ」と言って、午前六時ごろに清水寺を出て、大和大路に歩み出て、どこを目指すということもないけれども、南へ向かって歩いていく。

5 ころは二月十日の明け方であるので、（立春後の）名残の寒さはやはり尽きない。音羽川の流れも凍ったままで、山頂から吹き下ろす嵐もたいそう激しい。道のつららもとけない上に、また、空も暗くなり雪が降るので、行くべき方向も見えなかった。子供は、しばらくは母〔＝常葉〕にすすめられて歩くけれども、のちには足が腫れ血が出て、あるときは倒れ伏し、あるときは雪の上に座って、「寒いよ冷たいよ、これはどうしたらいいの」と泣き悲しむ。（誰一人頼る人もなく）母一人で、（幼い子供たちが苦しむ）このありさまを見たとかいう心の中は、言いようがない。子供の泣く声が高いときは、敵が聞いているだろうかと心配し、行き合う人が、「これはどのように〔＝どうしたのですか〕」と憐れみ尋ねることも、嫌な気持ちがあって問うているのであろうかと、魂を惑わす。

漢文

解答・解説

洋外紀略／性理大全

共通テスト（追試験）
問題▼本冊60ページ

▼解答（配点50点）

設問	解答	配点
問1	X ①　Y ⑤	各4点
問2	(ア) ②　(イ) ④	各5点
問3	⑤	5点
問4	①	6点
問5	③	7点
問6	(i) ①　(ii) ⑤	各7点

問題文について

【文章Ⅰ】

出典　江戸時代・安積艮斎『洋外紀略』

安積艮斎は、幕末の朱子学者。当時の学界に大きな影響力を持ち、江戸の私塾では二千人以上の門人が学んだ。吉田松陰、岩崎弥太郎、高杉晋作、小栗上野介、前島密なども門人である。

『洋外紀略』は、その博大な学識に基づき、海外諸国の事情を詳細にまとめ、国防の重要性を説いた書である。この書が興味深いのは、日本開国前の時代でありながら、書中でこの問題文のようにワシントンやハミルトンを紹介するだけでなく、ナポレオンやピョートル大帝までも紹介している点である。

【文章Ⅱ】

出典　明・胡広『性理大全』

書名の性理とは、「人間の本性と物の存在原理」の意であり、朱子学の意を表す。『性理大全』とは、明の永楽帝の命を受け、胡広らが編纂した朱子学の大全集である。朱子学の百科全書として日本や朝鮮でも読まれた。

問題文は、共通テストの主流になりつつある「二つの文章を対比的に読むこと」を意図したスタイルをとり、他科目同様に「提示された文章や資料などを読み解き、情報を組み合わせて考えること」を目指したものとなっている。

設問について

これまでの共通テスト同様、**「漢文」読解中心の設問構成**。**問1〜5**までは、語句補充、返り点の付け方と書き下し文との組み合わせ、解釈、内容説明などになっている。設問の内容や解答に要するプロセスからして、**標準レベルの文法知識**に加え、登場人物の心情・主張や言動の意味等をとらえ、文章を的確に理解する力をも問うている。もっとも、漢文の文体に慣れている諸君であれば――特別に難しい設問はない。

また、**問6**として、語句補充の形をとった文脈把握系の設問がバランスよく配されており、**問題文を手がかりとしながら、資料も含む与えられた情報を多角的な視点から運用・処理する能力を試す設問**となっている。なお、共通テスト現代文のように、「課題解決のための思考・判断力までもが求められるような設問」は**含まれていない**。

問1 語句補充――不足成分

設問の傾向とねらい

語句補充問題は、文脈把握能力をストレートに試すことができる設問である。今後もなくならない設問形式だと思われる。

解答のポイント【語句補充】

1 「対の視点」で空欄部分とその前後を対比的に見て正誤をチェックする。

2 空欄部分と文中の他の成分との意味レベルを一致させる。（例：プラスの内容か、抽象語同士かなど）

3 空欄前後と同一・類似の表現を問題文中に探し、「対の視点」で対比的に見てチェックする。

4 空欄を含む文の主語の特徴や文脈的な話題をチェックする。

5 故事成語・ことわざの一部を空欄にし、その知識を確認する設問に注意。

X 直後の「而」は原則としてV（動詞）やadj（形容詞）を接続する接続詞。「而」を軸として、通常上下は対照的、もしくは、並列的な内容になっている。下部は「公平」の「公」、続けて「推レ誠（おシテ ヲ）」と、肯定的な内容が続いている。さらに、**X** を含む文の主語である「話聖東（わしんとん）（アメリカ合衆国初代大統領）」は、世界史的偉人である。よって、文脈的な整合性を取るのに適当なものは、選択肢中唯一肯定の意である「①廉―清廉の廉」となる。

▽「清廉（心や行いが正しく清らか）」は儒教用語。

※②刻―刻薄（むごく思いやりがない）
③頑―頑固（意地を張って自分の考えや態度を変えない）
④濫―濫造（節度なく多く製造する）
⑤偏―偏見（公平ではない）

Y

Y を含む「応二万 務 之 Y一」と直前の「御二四 海 之 広一」は、対句になっている。よって、Y には、「広」の類義、もしくは、対義の語が入る。「広」とは「面積が相対的に大きいこと」である。よって、大きい程度を表す語か、逆に小さい程度を表す語が入る。ここで、「数量が相対的に大きいこと」を表す⑤「衆（おほシ）」だけが適当だとわかる。話題主語は、行頭の「人君」である。「衆」を入れると、「人君は様々な多くの政務に応対する」となり、文脈的な整合性も問題ない。

問2 意味・解釈

設問の傾向とねらい

センター試験時代から頻出の設問形式。この設問は今後、傍線部を分析的に読み、問題文の叙述の内容に即して考える力をも試す要素が加わる可能性が高い。

解答のポイント【意味・解釈】

1 文法のポイントをチェック
↓重要表現・重要品詞・文の構造など。
2 単語のポイントをチェック
↓日中異義語（日本語と漢文とで意味が異なる語）、漢文特有語、教養漢字（日本語の教養として意味を知っておくべき漢字）。
3 主語の省略がある場合、すぐに補填作業を行う
↓その正誤で、選択肢をグループ分けできることが多い。
4 文脈的ポイントをチェック
↓指示内容、省略成分、説明を要する語、前後との整合性。
※臨機応変に、1～4の順序を入れ換えてチェック。
5 マクロ的視点からみた整合性をチェック
↓問題文のテーマ、陳述の対象、前後の内容との整合性。
↓登場人物の特徴との関連性など。
※前書き文・注・選択肢（&設問文）の三点セット。

(ア) 以レ寿 終二于 家一

i 漢文中の「寿」は、原則として①寿命、②長寿、③葬礼用品の意味である。

ii 「以（もつテ）」は、「～で」「～のために」「～を」の意を表す前置詞、「于」は「於」と同じく「in on at to」の意の前置詞である（「V二于 □ニ一」の形をとる。「于」自体は読まない）。よって、訳は「寿命／長寿を家で終えた」になる。②が正解となる。

(イ) 役二其 独 智一

漢文中の「役」は、「えき」と読み、「しごと（例：労役・苦役）」、さらには、「仕事をさせる＝働かせる・使われる」意を表す。原則として、日本語の「役（やく）＝割り当てられて受け持つつとめ（例：配役・役目）」の意味はない。よって、傍線部(イ)の

意味は、「ひとりの知恵を働かせる」となる。④**が正解**だ。

▽「其」の指示内容は、原則として直前の文中の語、もしくは、文脈的話題、以上が当てはまらない場合は「自分」である。ここは、文章頭の話題主語「人君（→人君の）」、「自分（→自分の）」どちらを当てはめても、やはり④だ。

問3 訓読――訓点と書き下し文

設問の傾向とねらい

読み方を尋ねる設問は通常は一つであり、「返り点の付け方と書き下し文」「書き下し文と解釈」の組み合わせのどちらかであることが多い。特に、「返り点の付け方と書き下し文」の組み合わせを問う設問はセンター試験時代から頻出である。なお、「書き下し文」系の設問が連続することはまれである。

解答のポイント【書き下し文】

1 この種の組み合わせの設問では、「返り点の付け方」はあくまでも補助だ。まず正しい「書き下し文」を選ぶ。そのためには、〈一に文法、二に文法のポイント〉をチェックする。

※ただ、返り点が必須である「再読文字」や代名詞「所」、動詞「有」「無」を含む場合は、返り点をチェックすることにより、先に消去可能。

2 否定・疑問など、重要表現（句法）レベルの文法ポイントや前置詞・助動詞・再読文字等、品詞レベルの文法ポイント、文法的な構造（「助動詞レV」「VレO（目的語）」など）をチェック。

※表現の核となる部分だけでなく、前後の文中に補助として付ける送り仮名についての一定のルールにも注意を払う。

3 ①読み方単語（読み方の特殊な語）、②多品詞多義語、③日本の文語調の文中に用いられる語句をチェック。

※例―如レ此／若レ此・所謂・所以・以為・不レ得レ已など。

4 選択肢を少数にしたら、描くともいいので、書き下し文に従い現代日本語に直訳する。すると、意味が通らないもの、文脈的整合性に欠けるものが自然に淘汰される。

i 通常ならば、書き下し文の正誤をまずチェックするわけだが、傍線部中に「有」「無」「再読文字」「所」を含む場合、下から上に返って読む返り点（レ点・一二点など）を付す必要があることに注意して選択肢を消去できる。ここで、①が消える。

ii 「有――者」は、「有二――者一」と読む構文である。ここで、②・③・④が消え、⑤**が残る**。

▽「然」は、逆接の接続詞であり、原則として、前後では逆接的・対照的な状況が述べられている。直前で「国中が大いに治まった」と述べているので、読み方に照らして⑤を訳すと、「し

かし彼の政策を批判する者があると」となる。文脈的整合性も問題ない。

問4 意味・解釈

設問の傾向とねらい

問2と同様の設問。この設問については関係ないが、**問2**の解説で示した解答ポイント以外に、問題文の内容を踏まえた「登場人物の言動に表れた心情・判断の確認」をも必要とする場合がある。

i 「耳目」が誰のものかで選択肢が二つのグループに分かれているが、その誰かを直前までの文中に探すと、文章頭の話題主語「人君（＝君主）」となる。よって、「君主の～」とした①・④が残る。

※段落頭や発言頭に以下の話題を提供する話題主語（――ハ）があれば、指示内容や誰に属するかわからないN（名詞）の所属は、原則その話題主語となる。

ii 次に、文法ポイントである文末の「幾何（いくばくゾ）（どれほどか）」に着目。ここは、反語文中に用いているため、「どれほどか、いや、いくらもない」、すなわち、「多くない」「わずかだ」「はかない」のように、程度が大きくない意を表す。よって、対照的な「数え切れない」意とした④が消える。**①が正解**だ。

問5 内容説明

設問の傾向とねらい

解答の第一歩は「正しい解釈」であるが、問題文の内容を踏まえた「登場人物の言動に表れた心情・判断の確認」など、マクロ的な読解による最終確認を必要とする。

解答のポイント【内容説明】

1 説明を要する語・フレーズを解説した対応箇所を探す
↓傍線部は、「説明しにくい箇所（指示内容を含む）」「裏付けを要する箇所」「比喩・象徴」箇所を含んでいることが多い。

2 傍線部の文脈的位置を吟味する
↓「対の視点」で前後の文脈との対照化を行う。また、事の経過や文脈的話題をチェック。

3 傍線部のS（主語）や文脈的な話題を確認する
↓必要があれば、Sの人柄・地位・境遇・判断、関係人物とのやりとりをチェック。

i 傍線部Cを含む文の主語は、文頭の「人君（＝君主）」である。以下、新たな主語が登場していないため、傍線部Cを含む二つの対句―「清心以蒞之」と「虚己以待之」、「如鑑之明」と「如水之止」は、「君主がどうあるべきか」について、述べていることになる。ここで、「君主が」で始まる②・③・⑤が残る。

ii　あとは、「清レ心」や「虚レ己」などから、「雑念をしりぞけて落ち着いている」を含む③が最も適当だとわかる。

▼解答の近道

傍線部Cと直前の「如二鑑之明一」からなる対句中、「鑑」のふりがな「かがみ（→鏡）」と「明」、および、傍線部C「如二水之止一」中の「水」と「止」から、四字熟語「明鏡止水（＝心に雑念がなく、静かに落ち着いている状態）」を連想できれば、③だと即答できる。

問6　語句補充

設問の傾向とねらい

設問文は複数の人物の対話形式で、その対話文中の空欄（a・b・c）に入る選択肢を選ばせる形だ。〈複数の人物の対話による設問〉は、生徒の言語活動の場を想定した意味で、今後共通テストでも繰り返し登場する可能性が高い設問だ。b・cは、問題文の要旨を正しく把握しているかを試すものとなっている。

(i)　a

【資料】を正しく読もう。「雖～」は逆接／譲歩の仮定表現「雖レA、B—Aだとしても／Aではあるが、（なお／また）Bだ」である。また、「於」は「V二於□一（於は読まない）」のように用いられる前置詞である。□の位置に当たる「戎羯」は、設問文中の教師の発言から「異民族」である。ここで、「異民族の出身ではあるけれども」とした①、「異民族に生まれていながらも」とした③が残る。

後節「為レ人」は、「人柄」「本性」の意を表す名詞。「足」は「足レV二」のように用いられ、「～するに十分だ」「～するに値する」意を表す助動詞である。ここで、③が消え、①が残る。

▽「多」は、正解①中の「称賛に値する」に照らして、「多とす」と読んでおく。

【訓点】嗚呼、話聖東、雖レ生二於戎羯一、
其為レ人有二足レ多者一。

【現代語訳】ああ、ワシントンは、異民族に生まれたけれども、その人柄は「多とする（＝称賛する）」に値する／に十分である。

(ii)　b・c

【文章Ⅰ】では、ワシントンについて、

1　清廉・公平で、誠意をもって物事に対処したこと
2　ハミルトンを登用して、政務に参与させたこと
3　法令を整備し、軍備を重々しく完備したこと
4　人々の意見に対して心に感じて発憤したこと

が、述べられている。以上から、「人々から反発されても動じ

なかった」とした①、「部下に自分の地位を譲った」とした③、「政策の意図を率直に文章で示した」とした④が消え、②・⑤が残る。

【文章Ⅱ】では、かりにも（君主が）賢人とともに（政務を）行わないなら、傍線部**B**のような結果になる（→うまくいかない）と述べている。すなわち、「君主は賢人と協力して政務を行わねばならない」と述べているわけだ。②のようなことは言っていない。ここで、⑤**が正解**になる。

書き下し文

【文章Ⅰ】

話聖東政を為すや廉にして公、誠を推して物に待す。巴爾東なる者有り、明敏にして器識有り、辞令に嫻ひ、大体に通ず。話聖東之を挙げて、政事を参決せしむ。任に在ること八年、法令整粛、武備森厳にして、闔州大いに治まる。然れども人或いは其の為す所を議する者有れば、話聖東感憤す。任満つるに及びて、乃ち旧閭に還り深く自ら韜晦し、復た功名の意無し。寿を以て家に終はる。

【文章Ⅱ】

人君は一人の身を以て、四海の広きを御し、万務の衆に応ず。苟しくも至誠を以て賢と与にせずして其の独智を役して以て天下に先だてば、則ち耳目心志の及ぶ所の者、其れ能く幾何ぞ。是の故に人君必ず心を清めて以て之に涖み、己を虚しくして以て之に待すること鑑の明なるがごとく、水の止まるがごとくなれば、則ち物至るも罔ふること能はず。

【資料】

嗚呼、話聖東、戎羯に生ると雖も、其の人と為り多とするに足る者有り。

現代語訳

【文章Ⅰ】

ワシントンの政治のやり方は、清廉かつ公正で、誠意にもとづいて物事に対応した。ハミルトンという者がいて、聡明で才能と見識があり、文章の執筆に習熟しており、政治の要点に精通していた。ワシントンは彼を推挙して政務に参与させた。（ワシントンは）八年間大統領の地位にあったが、法令は厳正に整い、軍備は重々しく完備し、国中が大いに治まった。しかし彼の政策を批判する者があると、ワシントンは発憤し(て正し)た。任期が満了すると、なんと故郷に帰って自分から深く身を隠し、二度と政界に戻ろうとは思わなかった。（やがて、）天寿を全うして自らの家でこの世を去った。

【文章Ⅱ】

君主は自分一人の身で、広い天下を統御し、様々な政務に応じる。もしも至誠の心で賢人とともに（政務を）行わず自分の知恵だけを用いて天下に先立って事を行うならば、見聞や思慮が及ぶ範囲は、決して広くないのである。こうしたわけで君主が必ず心を澄ませて賢者に臨み、明鏡止水のように、虚心に賢者に対応するのであれば、外界の事物がやってきても心をまどわすことはできないのである。

【資料】

ああ、ワシントンは、異民族に生まれたけれども、その人柄は称賛に値するものがある。

考信録（こうしんろく）／文史通義（ぶんしつうぎ）

▼解答（配点45点）

問1				問2	問3	問4	問5	問6			
(ア)	②	(イ)	①	③	⑤	③	①	(i)	②	(ii)	⑤
各4点				6点	6点	6点	6点	6点		7点	

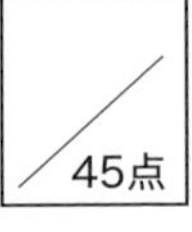
45点

問題文について

【文章Ⅰ】

出典　清・崔述（さいじゅつ）『考信録』

崔述は、十八〜十九世紀清代の儒学者。『考信録』は、儒教の歴史を中心に、文献の批判によって、古代の史実・伝説を考証した書。崔述は、この書の中で、古代の歴史を知るには「経書（けいしょ）（儒教の経典）」の本文によって考えるのが正しい方法であると主張した。

【文章Ⅱ】

出典　清・章学誠（しょうがくせい）『文史通義』

十八世紀清代の歴史学者、章学誠（一七三八―一八〇一）の著。歴史のほか、文学・政治など幅広いジャンルのことがらを扱った歴史理論書。唐の劉知幾（りゅうちき）の『史通』と並んで、中国史学の二大著作の一つとされる。なお章学誠は、「経書」を理想的な古（いにしえ）の歴史を記した書であり、後の文学や学問の源であると評価しつつも、あくまでも史書にすぎないとして、その権威を否定した。

問題文は、論説文である。どちらもテーマは「学問（＝読書）」であるが、その主張は二つの文章で異なる。一方は、多読（＝量の読書）を否定し、一方は、自分の専門とする学問の分野を極めたならば、多読（＝量の読書）も役に立つとしている。なお、漢文中の論説文は、客観性を持った対立的な基準を立てて、「二項対立的」に論を展開したり、論点を明確にするために、議論の対象をカテゴリーに分けて認識した上で「相対比較」していることが多い。よって、**【対の視点】**で対句的（対偶的）な構造や対立的概念、対語などを確認しつつ読むことが大切だ。

※漢文中の論説文の主要なテーマは、「政治」「学問」「士大

夫／為政者」の「生活態度」や「社会的使命」である。

設問について

共通テストは、漢字的な教養力や文法知識を試す設問に加え、提示された文章の情報と設問文中の資料や説明文の情報を組み合わせて考える能力をも試す可能性が高い。また、正しく読解・解答するためには、日本語化した故事・ことわざの知識が必要となることもある。今回の設問構成は、以上を意識したものとなっている。

問1　意味・解釈

設問の傾向とねらい

漢文（特に論説文）の特徴の一つが、「対偶性」である。正しい読解のために、「対の視点」は必要不可欠だ。**【文章Ⅰ】【文章Ⅱ】**ともに、「尚古主義」に基づき、古（いにしえ）と現代とを対偶的にとらえた論の展開になっており、(ア)はその「対偶性」を意識したものとなっている。また、(イ)はこれも漢文の特徴の一つである「論理性」を意識したものとなっている。

▼尚古主義

古に理想とする社会があったと考え、その制度・文物・人物を模範として評価し、一方、現代を堕落した社会だと批判する考え。

(ア)　考弁之精

i　文法的に重要なポイントや特別な単語ポイントは含まれていない。それだけに、「考」「弁」「精」の的確な言い換えが大切になる。

ii　「対の視点」は正しい読解に必要不可欠。波線部前後が、「而」を中心軸として「不レ在ラレ【博】ニ」と「在ル二【考弁之精】ニ一」とを対照的な位置に置いた対句になっていることに注意。「考弁」は、明らかに「博」と対照的な位置にあるため、「博」と対立的な概念を表していると考えてよい。すなわち、「博（注から「多読・博識」）」のような「知識の分量」ではなく、「知識の質や、その知識を用いたりそれで調べたりする応用力」と考え、「考弁＝思考・考証＋弁証」とする。つまり、「考弁之精」とは、思考や弁証の「精密・厳密・厳正」な様なのだ。②**「緻密な思索に基づく読書」が最も適当だ。**

(イ)　茫無レ所レ知

i　**日本語の漢字的教養力をも試す**設問である。「茫」は「茫（ぼう）然自失（ぜんじしつ）（＝ぼんやりして我を失う）」の「茫」であり、「ぼんやりしている」意を表す。

ii　漢文は、論理的な言語。前に述べたことを受けて後の意味が決まる。波線部(イ)は、上部の「自（より）二挙業一外」を受けた結果と考えられるが、「挙業」の注から直後の「茫トシテ無シレ所レ知ル」は、「（科挙以外の）学問の状況」を述べたものと考えられる。また、波線部(イ)は、接続詞「因」によってさらにその上部の当時の科挙の説明とつながっている。そこでは、科挙は「四書」の学問だけを重んじていると述べている。以上から、①「四書以外の学問は、まったく何もわからなくなってしまった」が最も適当だ。
※正解の選択肢①は、筆者が以下の文中でこの種の状況に「否定的な見方」をしていることを考慮に入れ、「～てしまった」で締めくくられている。

問2 語彙――読み方

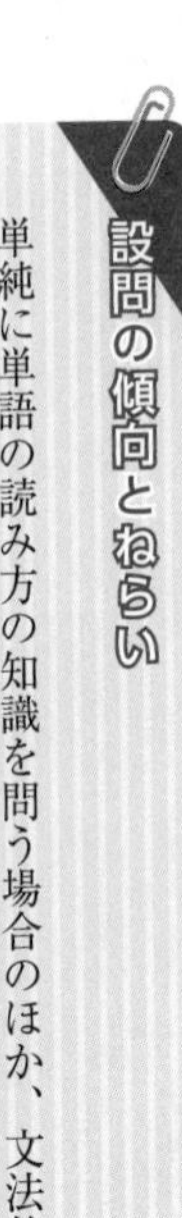

設問の傾向とねらい

単純に単語の読み方の知識を問う場合のほか、文法的な重要品詞の知識を問うている(1)のような場合や頻出の多品詞多義語の知識を問うている(2)のような場合がある。単語の読み方の学習はもとより、文法的な重要品詞や多品詞多義語の学習に努めよう。

▼多品詞多義語とは？

その「意味・用法」が何種類もの品詞にまたがり、その置かれた位置によって品詞の種類が変わり、それにあわせて意味と読み方までもが様々に変化する「多くの品詞と多くの意義（意味）」をあわせ持つ語である。その「位置――語順（すなわち、返り点との位置関係）」や組み合わせた漢字にさえ注意すれば、「品詞の種類――読み方&意味」の認定はたちどころにできる。

(1) **於レ是**

前置詞「於」と代名詞「是（これ）」を組み合わせて作った「因果関係を表す」接続詞である。「ここにおいて」と読み、「したがって」「そういうわけで」といった意を表す。「是」を通常どおりに「これ」とは読まないこと。

(2) **与**

「多品詞多義語」の知識を確認する設問。「与」は基本的な多品詞多義語である。ここのように、V（動詞）の上に置かれている場合「ともニ」と読む副詞となる。

文法のポイント【多品詞多義語「与」】

❶ **動詞の上部で名詞を下に伴う→前置詞**

S（主語） 与（と）レ N（名詞） V（動詞）
　　　　　→主に人物

〔読み〕Nと　〔意味〕～と

※まれに「与（ともニ）レN（名詞）ト」と読む。

❷ **単独で動詞の上に置かれる→副詞**

S（主語） 与（ともニ） V（動詞）

〔読み〕ともニ　〔意味〕一緒に

❸ **文末→語気詞**

――与（か／や）。

〔読み〕か・や　〔意味〕～か・～ようか

❹ **i 前節・後節に分かれた文の前節の冒頭→接続詞**

与（よりハ）二其（その） a 一、不（ず）レ如（しカ）レ b 二

〔読み〕よりハ　〔意味〕～よりは

※aとbとを相対的に比較し、aよりはbの方がよい

（程度が大きい）ことを表す。

ⅱ対となる語・フレーズの間→接続詞

[a] 与(ト) [b]

〔読み〕aトbと　〔意味〕～と～

※対の語である[a]と[b]とを接続する。

❺ **❶～❹以外のケース→動詞**

㋐ 与(あたフ)　〔読み〕あたフ　〔意味〕与える

㋑ 与(あづかル)　〔読み〕あづかル　〔意味〕関係する

㋒ 与(くみス)　〔読み〕くみス　〔意味〕味方する

(3) 蓋

「けだシ」と読む副詞。通常、推測を込めた見解を述べる文頭に置かれ、「（私が）思うに」「おそらく」の意を表す。なお、まれに並列句（日本語の重文）の後節文頭に置き、「だから」「要するに」の意を表す接続詞となる。よって、③**が正解だ**。

問3 意味・解釈

設問の傾向とねらい

単に故事成語の知識だけでなく、設問文中の資料の情報を運用する力、問題文中における意味・役割を把握する文脈的な分析能力をも必要とする設問である。

解答のポイント

解答にあたっては、傍線部が影響を受ける情報の範囲の確認と、資料をどのように用いるかの判断が大切である。また、情報として必要な箇所について、読解のための理解度を確認しているのである。

ⅰ **注も解答のための重要な資料**である。**【資料】の注**から、呂不韋(りょふい)が一見貴ぶ必要もないように見える人物に肩入れしたのは、子楚(しそ)の将来性を見越したため、すなわち自分の将来のためにも大切にする必要がある人物だと見なしたからだとわかる。

ⅱ 以上と傍線部**A**までの文脈を結びつけて考えると、傍線部**A**は、読む価値もないように見える書物を素晴らしいものとして秘蔵していることをたとえたと考えるべき。⑤**が最も適当**だ。

ⅲ **【資料】**は、呂不韋の「奇貨居(を)くべし」についての有名な話である。「奇貨居くべし」ということわざについての知識があれば、あっけなく解答できたと思われる。**日本語の教養力が役立つ設問**である。なお、「奇貨居くべし」の「居く」は、「そのまま取っておく」「秘蔵しておく」意であり、奇貨（＝珍しい品物）と認めたものは、そのまま取っておき、値上がりする時期を待つべきだという意である。今では、「好機はのがさずに利用しなくてはならない」意で用いることが多い。

問4 理由説明

解答のポイント【理由説明】

漢文は論理的な言語である。前に述べたことを受けて後の読み・意味が決まる。傍線部（＝結果）についての理由は、前にあることが多い。

1 傍線部は、結果・総括であり、解答の素材は含まれない。傍線部上部の動作・状態をまずチェックする。特に直前が発言部の場合、十中八九、解答の素材は、その発言中にある。

2 傍線部の主語について、関連のある発言（本人の発言、その主語を話題とした他者の発言）、人柄・才能・立場・地位、（その人物の注があれば）注をチェック。なお、登場人物の人柄・才能・立場・地位については、問題文冒頭で紹介されていることが多い。

3 以下で発生・変化した状況から、傍線部の理由を推測する。また、傍線部の直後にその動作・状態の根拠となる説明が続くこともある。

4 理由とした内容と傍線部（＝その理由に基づく結果・総括）との文脈的な整合性のチェックを忘れないこと。

▼補足事項―理由説明

1 論説文中の接続詞の役割は重要だ。たとえば、「故」以下は、

① 以上を集約的に言い換えた総括

② 以上から演繹（えんえき）的にあげられた具体例

になっているのが普通であり、自ずと含まれる道理・論理構造も同じだ。

2 選択肢文が「〜で／〜ので／〜ため、――」の構造になっている場合、原則として後半部は、傍線部そのものの解釈や説明になっている。

i 直前の文「若（ごとキハ）下六経ヲ為（シテ）二藜藿（れいくわく）ト一而此ノ書ヲ為（ス）二熊掌（ゆうしやう）ト一者上」の読み終わりの「ハ」に着目。「―ハ」は、以下の話題を提供する話題主語の語句であり、以下は、その説明である。

ii 見ると、「若」を用いた直喩になっている。実は、**問4**は**比喩表現の内容**を正しくとらえられているかどうかを確認する設問でもあるのだ。

▼比喩の役割

以上に述べたことについての論証や例示になっており、筆者の見解を印象付けたり権威付けたりする役割を果たしている。比喩に着目することで、筆者の真意をより正確に読み取ることができる。

iii **「対の視点」は正しい読解に必要不可欠。** その比喩表現中の「六経ヲ為（シテ）二藜藿ト一而此ノ書ヲ為（ス）二熊掌ト一者」が、「而」を中心軸とした対句であることに着目し、その構造を分析すると、左記のようになる。

六経→藜藿（注から、「粗末な料理の材料」）
＝「六経」を軽視
↔
此書→熊掌（藜藿と対照的な意味＝「高級料理の材料」）
＝「此書」を尊重
⇩
良ニ可レキ概ク也（まことに嘆かわしい限りだ）
⇩ ということは、逆に考えると
六経→尊重すべき／大切にすべき
↔
此書→軽視してよい

> 「此ノ書」とは、昔の学者が口にする価値もないとしていた書物。

すなわち、直前の対句部分は、「六経を尊重し、此書は軽視してよい」と述べているのであり、傍線部**B**の概嘆につながるのである。明らかに③が適当だ。

一言 **結論段落末の「感動・願望表現」**

「良可レ概也」のように、問題文末の内容が、「怒り・嘆き」の場合、原則として言外で「対比的な状況」を望んでいる／述べていると考える。よって、必要があれば、傍線部の記述内容を「表裏反転」し、言外の意を考える。

問5 訓読——訓点と書き下し文

設問の傾向とねらい

読み方を尋ねる設問は通常は一つであり、「返り点の付け方と書き下し文」「書き下し文と解釈」の組み合わせのどちらかであることが多い。また、「返り点の付け方と書き下し文」の組み合わせを問う設問は頻出である。なお、「書き下し文」系の設問が連続することはまれである。
※解答のポイントについては、**第1題・問3**解説参照のこと。

i 「雖」に着目。「雖ニ—A—一、（猶／尚）—B—」の形で、「Aだとしても、（なお）B」「Aではあるが、（なお）B」の意を表す「仮定譲歩／逆接」の表現に用いる接続詞である。よって、「猶」は、再読文字（なホ〜ごとシ）ではなく、副詞として「なホ」と読むべきである。

ii 「不能」は「不レ能ハV」と読み、「不可能」の意を表す助動詞の組み合わせである。

iii 「如」は、読み・解釈のポイントとしてよく登場する多品詞多義語である。次の表を見て、番号の順番に当てはめて、その意味・読みを確認しよう。

文法のポイント 【多品詞多義語「如」「若」】

※用法❹以外は「若」に置き換え可。なお、「若」が「わかい」意を表すことはない。

❶ **何＋如→疑問詞**
何如（いかん）
〔読み〕いかん
〔意味〕どのようか・どうだろうか（状態・是非を尋ねる）
如何（いかんセン）
〔読み〕いかんセン
〔意味〕どうしたらよいか（手段・方法を尋ねる）

❷ **如＋是／此→形容詞**
如（ごとシ）レ是（かくノ）・如（ごとシ）レ此（かくノ）
〔読み〕かくノごとシ　〔意味〕このようだ・そのようだ

❸ **不＋如→動詞**
[a] 不（ず）レ如（しカ）レ [b]ニ
〔読み〕[a] [b]にしカず（比較表現―比較級）
〔意味〕[a]は[b]に及ばない・[a]より[b]にこしたことはない

❹ **如＋場所→動詞**
如（ゆク）二[場所]一
〔読み〕[場所]ニゆク　〔意味〕～に行く

※**「若」の用法❹**―会話文のSの位置（まれにO（目的語）の位置）→二人称代名詞「なんぢ」

❺ **仮定文で、前節＝条件節の頭に置かれる→接続詞**
如（もシ）――バ、（則（すなはチ））――。
〔読み〕もシ　〔意味〕もしも～ならば

❻ **❶～❺以外→動詞**
（[a]）如（ごとシ）レ[b]ノ
〔読み〕[b]ノごとシ
〔意味〕（[a]は）[b]のようだ・（[a]は）[b]のように思われる

iv　傍線部Cの場合、❶～❺の条件が当てはまらず、また、「○○如△△」の構造になっているので、右記の用法❻である。

①**が適当**だ。

※この読み方だと、仮定表現「雖～」の条件節・帰結節の意味的な対応も問題ない。

【現代語訳】書物の世界はもやのかかった海のように広く、聖人でもすべてを記憶しつくすことはできない。

問6　**(i)内容説明、(ii)主旨・要旨把握**

設問の傾向とねらい

読解の段階で**【文章Ⅰ】**の大意をつかみそこねてしまうと、(ii)の解答で全く的外れな選択肢を選ぶことになるので、注意を要する。加えて、キーワードと言える「多読」について、**【文章Ⅰ】**・**【文章Ⅱ】**から、必要な情報を正しく得る必要がある。

解答のポイント

(i)は、漢文という科目を通して日本語との接点を求めるという、昨今の入試スタイルを意識したものだ。日頃から、故事成語・ことわざはもとより、様々な慣用的表現の学習に努める。(ii)は、「多読」に対する考え方の違いに着目、「対の視点」でその違いを正しくとらえる。

(i) **成ㇾ家**

「成ㇾ家」だが、「学問」をテーマとした文中に用いられた場合の意味を考えよう（**日本語の漢字的教養＝国語生活の蓄積は解釈に必ず役立つ**）。日本語中の「一家を成す」という用例からもわかるように、「学問・技芸などの一つの流派・権威となる／学問・技芸などで独自の境地を開く」意味の「成ㇾ家」であることは明らかである。**②が最も適当だ。**

(ii)

i **【文章Ⅰ】**は、珍奇な書物を読んだことまで博学と見なす世の風潮を嘆いており、「六経」のような正統な学問の書こそ尊重すべきで、博学／多読の対象でしかない「此書」のような口にする価値もない珍奇な書は、読書の対象から除外すべきだとしている。

※なお、筆者は、同書（『考信録』）中で「聖人の道は六経に在るのみ」と述べている。

ii **【文章Ⅱ】**も「学問」の心得を取り上げた文章であるが、傍線部D直前「古人所以貴博者、正謂業必能専而後可与言耳」の「博」は、**【文章Ⅰ】**の注から「多読／博識」の意となる。また、「専」と「博」とは対照的な概念を表す語の組み合わせと考えると、「専」は「専門」「専一」の「専」であり、「ある専門分野を究める」「専門分野の研究に打ち込む」意となる。（**「対の視点」は正しい読解に必要不可欠**）

iii 以上と(i)の解答を関連付けると、「学問において自分の専門分野を究め独自の学説を持った上で、はじめて博識（多読）も生きる」とした**⑤が適当だとわかる。**

書き下し文

【文章Ⅰ】

宋より以前、士の書を読む者多し。故に貴ぶ所は、博に在らずして考弁の精に在るなり。明に至りて、三場を以て士を取るに、止だ四書を重んずるのみ。因りて学者は多く書を束ねて読まず。挙業より外、茫として知る所無し。是に於いて一二の才智の士務めて新異を捜覧し、雑家の小説と近世の贋書とを論ずる無く、凡そ昔人の鄙みて道ふを屑しとせざる所の者、咸之を居いて奇貨と為し、以て常世の書を読まざるの人に傲り、公然として自ら人に詫り、人も亦た公然として之を詫りて以て淵博と為す。六経を藜藿と為して此の書を熊掌と為す者のごときは、良に慨くべきなり。

【文章Ⅱ】

君自ら善く学ぶのみ。果たして其れ善く学べば、記性断じて用ふるに足らざるの理無し。書巻浩きこと煙海のごとく、聖人と雖も猶ほ尽くす能はず。古人の博を貴ぶ所以の者は、正に業は必ず能く専にして而る後与に言ふべきと謂へるのみ。蓋し専なれば則ち家を成し、家を成さば則ち己立たん。

現代語訳

【文章Ⅰ】

宋代以前には、本を読む知識人が多かった。だから尊ばれていたのは、博識ではなく緻密な思索に基づく読書であった。明代になると、科挙によって天下の人材を選ぶにあたって、ただ四書を重んじるだけになった。そこで学生の多くは書物を閉じて読もうとしなくなった。（そうして）科挙のために学ぶ四書以外の学問は、まったく何もわからなくなってしまった。そこで知識人ぶった連中の中には新しく珍しい書物を探して読み、儒教以外の学派の書物や近世の贋作の書はもとより、およそ昔の学者が口にする価値もないと思っていた書物まで、素晴らしいものとして秘蔵して、いまどきのあまり本を読まない人々に対して、大っぴらに自慢し、（自慢された）人々もまた大っぴらに深く広い学問があると見なすのである。「六経」のような正統な学問の書を藜藿（＝粗末な料理の材料）のように扱いこれらの書物を熊掌（＝高級な料理の材料）のように扱うとは、まことに嘆かわしい限りである。


【文章Ⅱ】

君は熱心に学ぶべきである。もしも熱心に学ぶならば、記憶力が足りないというような道理はありえない。書物の世界はもやのかかった海のように広く、聖人でもすべてを記憶しつくすことはできない。昔の偉い学者が博学を尊重したのは、まさしく自分の学業に専念してその上で広く専門外の領域についても人と語り合えるようになることが頭にあってのことである。思うに自分の専門の分野で努力を怠らなければやがて独自の学問で一つの地位を築き、学問で一つの地位を築けば一人前の学者として認められるのである。

唐才子伝／滕王閣

オリジナル問題
問題 ▼本冊82ページ

▼解答（配点45点）

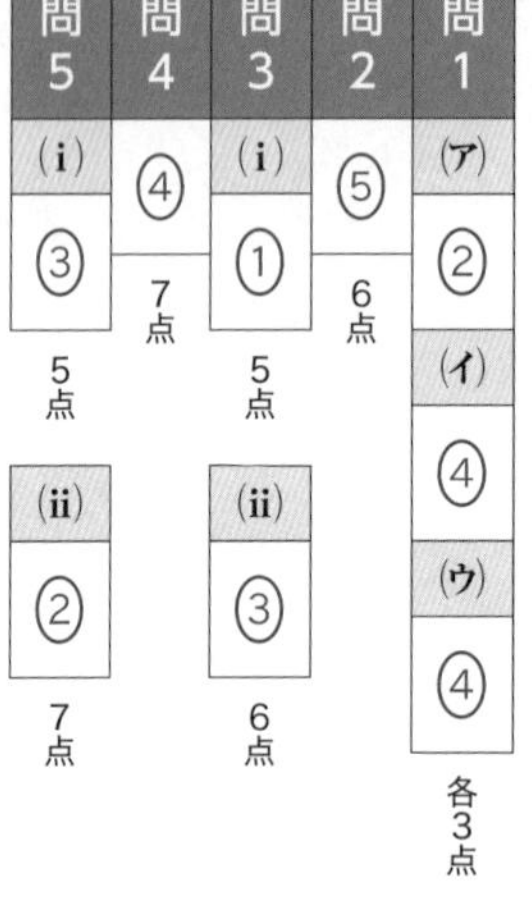

問1		問2	問3		問4	問5	
(ア)	②	⑤	(i)	①	④	(i)	③
(イ)	④	6点		5点	7点		5点
(ウ)	④		(ii)	③		(ii)	②
各3点				6点			7点

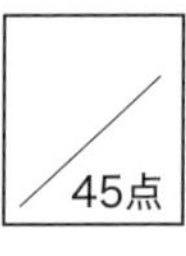

45点

問題文について

【文章】

出典　元・辛文房『唐才子伝』

【資料】

出典　唐・王勃「滕王閣」

『唐才子伝』は、唐代の詩人三九八人について、その略伝、作品、詩評などを記した伝記集である。誤りもあるが、唐代詩人の伝記研究の貴重な資料となっている。中国では失われたが、日本に残る完本が、清代末に中国に逆輸出された。

問題文の**【文章】**は、唐代初期の詩人で、楊炯・盧照鄰・駱賓王とともに「初唐の四傑」と称せられた王勃の伝記部分である。また、**【資料】**は、（問題文から明らかだが）夭逝したこの詩人の代表作の一つである「滕王閣序」の末尾に付された漢詩である。

なお、王勃は二十九歳で夭逝しているが、その死を予言されたことでも知られている。

漢文の特徴の一つである「論理性」を意識し、読解の心得として何度か取り上げた「対の視点」を忘れずに読み解いていくことを心がける。

設問について

「詩話と漢詩」「漢詩とその論評や序文など」を並べた問題形式は、今後も登場する可能性が高い（二〇二二年本試験に既出）。というのも、漢詩・漢文両方の理解度を試すのにふさわしい問題形式だからである。また、その場合、漢詩の構成・押韻の規則・対句などの対偶的構造など、漢詩読解に必要な知識を問う設問、さらには、詩人の心情や作詩態度などの漢詩の主題に関する設問が付されるに違いない。この**第3題**も、以上を十分に意識した設問構成になっている。

問1 語彙――漢字の意味

設問の傾向とねらい

これまでの入試でもよく出題されている設問形式。通常、漢文中の重要単語や国語的教養につながる単語知識、重要な文法表現の確認をする設問となっている。また、あわせて**「テキストの文脈との関連において、語句の意味を適切にとらえる」**力も要求していることがある。

解答のポイント【漢字の意味】

単語知識に照らして意味を確認する以外に、

1 傍線部を含む文中の他の成分との意味的対応をチェック（例・傍線部の動詞とその目的語との意味的対応）

2 傍線部までの事の経過や前後の動作との整合性をチェック
↓時には、論理的な展開も押さえながら読み進む。

3 動作の主語についての情報を確認

4 日頃の国語学習においては、文脈・場面に照らして〈**単語を二字熟語にする**〉作業を行ったり、**多義語**についての知識（意味・熟語の例など）を蓄える。

(ア) 過

i 漢文中の「過」は、「すぎる」意で「すグ」と読むこともあるが、通常は「よぎル」と読んで、「たちよる」意を表す。

ii 下に伴った動作の目的地を表す「南昌」に送り仮名「ニ」が付いていることに着目。「（南昌に）すぎる」では、意味的に対応しない。やはり、「（南昌に）たちよる」とすべきだ。

②が正解。

(イ) 酣

i 現代語でも普通に使われる教養漢字である。「たけなは」と読んで、「酒宴が真っ盛り」、もしくは、「酒をさかんに飲む」意を表す。

ii 「酣」一語で「さかんに飲む」意を表すが、第二段落中の「酣飲」のように、熟語でも「さかんに飲む」意を表す。**④が正解。**

(ウ) 何

i 「何」は、疑問詞（疑問副詞・疑問代名詞）だが、次のような意味・用法がある。

1 なんゾ—どうして
2 なにヲカ—なにを
3 なんノ[N（名詞）]（ヲカ）—どんなN
4 いづくニカ—どこに・どこで
5 いづレノ[N（名詞）]—いつのN（Nは時間に関する語）・どのN

ii 「何」の持つ意味として認められる①・④・⑤が、まず残る。

iii　直後の動詞「在ル（いる・ある）」に着目。「何」に対応する動詞が「方向性を持つ動作」や「存在にかかわる動作」を表す場合、原則として右記用法**4**である。**④が正解**。
※動作との意味的な対応をチェックしても、問題はない。

問2　訓読——書き下し文と解釈

「書き下し文」と「解釈」の組み合わせを尋ねる設問である（**第1題・問3**・設問の傾向とねらい参照）。解答にあたっては、第一に文法ポイントや語彙のポイントをチェックし、正しい読み方（書き下し文）を選ぶ必要がある。次に、その読み方に従って訳した選択肢を選ぶ。

なお、共通テストの場合、傍線部だけの知識で解答を得ることができたセンター試験とは違い、傍線部の文脈的な位置や傍線部の主語の確定が大切になってくる。つまり、前後の文脈との整合性をチェックしつつ、**問題文を分析的に読むことを重視**したコンセプトの設問である可能性が高い。

解答のポイント【書き下し文】

1　否定・疑問など、重要表現（句法）レベルの文法ポイントをチェック。表現の核となる部分だけでなく、前後の送り仮名についての固有のルールにも注意を払おう。

2　前置詞や助動詞、再読文字、語気詞等、品詞レベルの文法ポイントをチェック。各品詞の文中の定位置も、しっかり把握しておこう。

3　文法的な構造（「助動詞レV（動詞）」「VレO（目的語）」）などをチェック。

4　①読み方単語（読み方の特殊な語）、②多品詞多義語（**第2題・問2**解説参照）、③日本の文語調の文中に用いられる語句をチェック。

※例—如(ごとシ)レ此(かくノ)／若(ごとシ)レ此(かくノ)、所謂(いはゆる)、所以(ゆゑん)、以為(おもヘラク)、蓋(けだシ)、不レ得(え)レ已(やムヲ)など。

5　選択肢を少数に絞り込んだら、それぞれを現代日本語に逐語訳し、前後の文脈との整合性をチェック。二者択一に絞ると、解答作業は八割方終了である。

i　文法のポイントをチェックしよう。

1　将

文法のポイント　品詞【再読文字「将」「且」】

将(まさニ)レ(す)V（動詞）——**未然形＋ント**

〔意味〕いまにも～ようとする（～だろう／～しよう）［近未来動作・未来意志］

※将・且＝助動詞「欲(ほつス)レV(ント)」、将＋欲→将欲(まさニほつス)レV(ント)

☆**参考**—ごくまれだが、「はタ」と読み、「あるいは」の意を表す接続詞となっていることがある。その場合、「将(はタ)A(カ)、将(タ)

B」「A、B、将C」の形を取った選択疑問文となっていることが多い。また、反語文中の「将」は「まったく」「いったい」と訳す（ただ、入試で問われることは、ほとんどない）。

2 令

文法のポイント 句法【使役表現―一般的使役】

◉英語と漢文の使役表現は、語順が同じである。

使・令・遣・教・俾＝～させる

S（主語） → 使役動詞 人物 V（動詞）（未然形）

A ← 使役の相手
B ← 人物に行わせる動作・状況

〔意味〕Aに命じてBさせる・AをやってBさせる
（AをBさせる・AをBがらせる）

※「AがBする結果をまねく」「AがBようにする」「AをBがらせる」意（結果の惹起）にとることもあるので、注意。

3 以

文法のポイント 品詞【前置詞／接続詞「以」】

1 以＋N→前置詞―以□V

※倒置形―V以□

〔意味〕～で・～のために・～を

2 以＋V→接続詞（順接）―V1（O1）以V2（O2）

※直前のV1は、「連用形＋テ」に読む。

※特に訳さなくともよい。

3 ―A―、以―B―。→接続詞（理由）

〔意味〕（Aする／したのは）Bだからである

ii 右記ポイントに照らしてチェックすると、

ポイント1「将」→①③⑤が残る。

ポイント2「令」→①⑤が残る。

※③は使役の相手「其婿」の読み方（送り仮名）が間違い。

ポイント3「以」→①⑤が残る。

※①は用法3、⑤は用法2。

iii 傍線部の文脈的な位置を分析し、残った選択肢について、解釈の正誤を判断しよう。

1 滕王閣の完成を祝って大宴会を開いた。

↓

2 傍線部**A**

↓

3 王勃の才能を知り、「之を為る」ことを要請し、王勃は、わずかな時間で完成させた。

iv 「為之」中の「之」の指示内容を直近の文中に探すと、同義動作との意味的な対応からして、傍線部**A**中に含まれる、同義の「作ル」の目的語「記（注7参照）」が適当だ。

v　王勃の才能を知って「記」を作らせたのだ。よって、傍線部**A**でも、「娘婿」に「記」の作成を依頼したことになる。さらに、滕王閣の完成は、「大事業」と呼ぶにふさわしい。⑤**が適当だ。**

問3　(i)語句補充、(ii)主旨・要旨把握

(i)

設問の傾向とねらい

語句補充は、センター試験時代から共通テストにいたるまで必ず登場する設問である（詳しくは、**第1題・問1**の解説参照）。もっとも、この設問は、漢詩読解の基本である「対の視点」を身に付けているかどうかを確認する設問となっている。

解答のポイント

漢詩読解では、**「奇数句」と「偶数句」の二句を対比的にとらえることが**大切だ。「二句ワンセット＝一文」と考える。

i　三句目（奇数句）と四句目（偶数句）とを対比的にみると、まず完全な「対句（ついく）」であるとわかる。

三句	画棟	→	朝ニ	→	飛ブ	→	南浦ノ	→	雲
	二字のN		時間		V		対語		自然現象
四句	珠簾	←	暮ニ	←	捲ク	←	**D**	←	雨

ii　よって、空欄**D**には「南浦」と対でとらえることができる語が入る。「南浦」は「方角＋自然の一部」である。よって、「西（方角）＋山（自然の一部）」である①**が入る。**

(ii)

設問の傾向とねらい

最新の共通テストまでの出題傾向から、漢詩学習は合格のための大切な学習要素と言える。この設問も、漢詩の構造や漢詩的な発想などを正しく理解し、的確に意味を取る力を備えているかどうかを試すものだ。

解答のポイント

漢詩読解の各種ポイントについて詳しくは、**第4題・**解説に譲ることにし、以下のことも覚えておこう。

▼漢詩のマクロ的構造

四句からなる詩（例：絶句）などの場合、前半二句と後半二句、八句からなる詩（例：律詩）などの場合、前半四句と

後半四句とが対比的な内容となっていることが多い。

※【資料】の漢詩は、「律詩」に見えるが、実は平仄や押韻からして、「古詩」である。王勃の生きていた七世紀後半、まだ律詩というスタイルは、完成していなかったのである（完成は、八世紀前半である）。
※「律詩」については、**第4題・問4**・解説参照のこと。

i　この漢詩は、前半部（一・二句と三・四句）で、（建設時の）滕王閣や歌舞音曲でそれを祝う人々の華やかさをうたっている。

ii　ところが、後半部（五・六句と七・八句）では、悠久の自然の姿と年月を経て移り変わった人の世とを対比的にうたっている。すなわち、

五句＝自然（無変化）↔六句＝人の世（変化）
七句＝人の世（変化）↔八句＝自然（無変化）

のように、二者の対比を順序を変えて繰り返している。実は、この〈自然と人の世の対比〉は、漢詩中に繰り返し登場するモチーフである。

▼漢詩的発想・情緒―自然と人の世

A　自然　―悠久→循環・無変化・無表情
　　A・Bを対比した上で「悲哀の情」を感じる
　　（or 刹那的享楽にふける）
B　人の世―儚い→衰退・死・別れ・栄枯盛衰

iii　ここで、選択肢を見てみよう。

① 「現在の情況を置く」→不適当
② 「自分の死を予感している」→夭逝することは、事実として描かれているだけ。
③ 前記iiで説明したように、前半部＝一・二句と三・四句は、滕王閣の昔時の華やかさをうたい、後半部＝五・六句と七・八句は、年月を経て大きくうつろった人の世と、昔も今も変わらず存在する大自然とを対比的にうたっている。
④ 「作者の孤独感と寂寥感を描き出している」→ここまでは推測できない。
⑤ 「時の権力者に対し、相手の意向を十分に尊重しながら」→正しい内容も含んでいるが、これが余計な成分である。

以上から、**③が正解**だ。

問4　内容説明

設問の傾向とねらい

比喩・象徴箇所について、内容説明の形で尋ねる設問は、傍線部に対して、解答の根拠となる箇所（が含まれる範囲）が決まっている。それだけに、その見極めさえできれば、解答は楽だ。
なお、根拠となる箇所は、傍線部周辺（通常は傍線部直前）や傍線部中と同一の単語・表現を含む一定の範囲に限定されていることが多い。
※基本的な解答のポイントは、**第1題・問5**の解説参照。

i　人物の伝記について一定の常識があれば、解答に役立つ。伝記の段落構成については、左記のとおり。

一言　人物についての伝記の段落構成

人物についての伝記が複数の段落からなっている場合、原則として、以下の三つのケースのどれかである。

ケース1　その人物の才能・人柄・境遇などの特徴を一面的に描いた類似のエピソードを並べている。

ケース2　右記1に加えて、最後にその人物の意外な一面を描いたエピソードを並べている。

ケース3　右記1に加えて、最後にその人物の総括や補足をした段落でまとめている（多くは、有名人や他者・筆者の発言の形を借りている）。

ii　第一段落には、王勃について、

1 文才を知った人物に文章の作成を依頼されたこと

2 酒を飲みながら執筆し、即座に文章を書き上げたこと

3 （素晴らしい出来映えの文章を執筆したことにより）莫大な報酬を得たこと

が描かれている。

iii　第二段落だが、傍線部**B**直前の「王勃は素晴らしい文章を執筆したので、（文章の執筆を）求める者が多く」が、第一段落の1と共通していることから、以下には、2・3と類似の内容が続く可能性が高い（＝段落構成・ケース1）。

iv　傍線部**B**の後に2と類似の状況が描かれているので、傍線部**B**は、3と関連付けて考えてみよう。

v　中国文学では、具体的な状況・動作を述べた後、比喩的・象徴的な表現でその印象付け（＝強調）をしていることが多いが、傍線部**B**も、設問文の「たとえたものか」という問いかけからして、そうだと考えてよい。以上から、前記3に関連する内容のたとえとしてとらえた**④が適当だ。**※「金帛盈ス積ヲ」は、「（お礼の）黄金や絹が積み重なっていた」の意。

※類似の内容を含むが、「酒を飲むこと」を素晴らしい文章を作成する必要条件としてしまった③を選ばないこと。

問5　(i)空欄補充、(ii)理由説明

設問の傾向とねらい

(i)　故事成語についての日本語の教養力をあわせて問う形で、物語文の段落内容やその関係に着目しつつ、登場人物の動作の意味や特徴などを考えながら、正しく読解できる力があるかどうかを試している。

(ii)　問題文末の傍線部は、文章全体を受けているのが普通である。よって、設問は、主旨・要旨把握を兼ねたものと考えてよい。解答にあたっては、傍線部中の解釈のポイントを意識することに加え、問題文のテーマや主人公「王勃」の人柄、才能、時間軸に沿った記述の内容などを意識することが必要だ。

※今回、設問のレベルはそれほど高くしていないが、本番の

ために、左記解説を眼光紙背に徹するほどに読み、解答のプロセスをイメージできるようにしておこう。

(i)

i　まず、人の求めに応じて漢詩を書き上げるまでの王勃の姿について、二つの段落をそれぞれチェックしていこう。

第一段落―酒を飲みながら、わずかな時間で作品を完成させている。

第二段落―十分には思いをこらさずに、酒を存分に飲んで寝て、目を覚ますとすぐに筆を執って作品を作り、修正の必要はなかった。

ii　その共通点は、

1　一息で楽々と作品を書き上げたこと

2　書き上げた作品は、修正の必要がなかった（＝すでに完成された原稿であった）こと

である。

iii　次に、各選択肢の意味をあげる。

①　苦吟懊悩（おうのう）―苦吟とは苦心して詩歌を作ること。また、懊悩とは悩みもだえることである。

②　天衣無縫（むほう）―詩文にわざとらしい技巧の跡がなく、自然のままに美しく完成していること。

※日本語では「人柄が無邪気で、何の飾りもないこと」も言う。

③　一気呵成（かせい）―詩文などを、ひといきに書き上げること。

④　百鍛千練―詩や文章の語句を何度も考え、何度も修正してよりよいものにすること。

⑤　沈思黙考―黙って深くじっくりと考えること。

(i)は、明らかに③が正解だ。

(ii)

解答のポイント【理由説明】

1　傍線部は、結果や総括である。傍線部上部の動作・状態をまずチェックする。特に直前が発言部の場合、十中八九、解答の素材は、その発言中にある。

2　傍線部の主語について、関連のある発言（本人の発言、その主語を話題とした他者の発言）、人柄・才能・立場・地位、（その人物の注があれば）注をチェック。

3　以下で発生・変化した状況から、傍線部の理由を推測する。また、傍線部の直後にその動作・状態の根拠となる説明が続くこともある。

4　理由とした内容と傍線部（＝その理由に基づく結果・総括）との文脈的な整合性のチェックを忘れないこと。

※選択肢文が「～で／～ので／～ため、――」の構造になっている場合、原則として後半部は、傍線部そのものの解釈や説明になっている。

i　8行目「及〜（＝when 〜）」で場面が変わっている。よって、「及」以下を解答のポイントと見極めて、チェックしよう。

。**「及」より前**

不㆓甚ダシクハ精思セ㆒〜則チ酣飲シ

＝十分には思いをこらさずに（＝文章を練ることもなく）、

酒を存分に飲んで寝たこと

。**「及」以下**

及ビテ㆑寤ムルニ、援リテ㆑筆ヲ成セバ㆑篇ヲ、不㆑易ヘ㆓一字㆒モ。

＝目が覚めると、即座に修正の必要もない見事な文章を作成したこと

が描かれている。

ii　以上から、論理的に当時の人々の心情を考慮しつつ、「腹稿」の意味を考えると、「腹の中に（すぐに取り出せるように）あらかじめ出来上がった原稿が蓄えられている」とした②が適当だとわかる。

iii　残った選択肢についてもチェックしておこう。

①「お腹の中で十分に推敲している」→王勃は、十分には思いをこらさずに文章を書いている。

③「常に酒を飲み大胆な態度をとっている王勃だが、実は繊細な文学的感性を表に出さず腹蔵しているからこそ見事な作品ができる」→文章に全く書かれていないこと。

④「酒で腹を満たした後に起稿する様を、腹に満たした酒の力によって原稿を作り上げているに違いないと考えた」→酒を飲むことは、原稿執筆の必要条件ではない。

⑤「寝たふりをしてじっくりと文章を組み立てている」→王勃は、何かのくわだてを腹に隠し持つような人物として描かれていない。

書き下し文

【文章】

勃往きて省覲せんとし、途に南昌に過る。時に都督の閻公滕王閣を新修し成る。九月九日、大いに賓客を会め、将に其の婿をして記を作らしめて、以て盛事を誇らんとす。勃至りて入謁す。帥其の才を知り、因りて之を為らんことを請ふ。勃欣然として客に対して觚を操り、頃刻にして就る。文点を加へず。満座大いに驚く。酒酣にして辞別するに、帥百縑を贈る。即ち帆を挙げて去る。炎方に至り、舟洋海に入り溺死す。時に年二十九なり。

勃文を属るに綺麗なれば、請ふ者甚だ多し。金帛積を盈す。心織して衣て、筆耕して食ふ。然れども甚だしくは精思せず、先づ墨を磨ること数升、則ち酣飲し、被を引きて面を覆ひて臥す。寤むるに及びて、筆を援りて篇を成せば、一字も易へず。人之を腹稿と謂ふ。

【資料】

滕王の高閣江渚に臨み　佩玉鳴鸞歌舞罷む

画棟朝に飛ぶ南浦の雲　珠簾暮に捲く西山の雨

閑雲潭影日に悠悠たり　物換り星移る幾度の秋ぞ
閣中の帝子今何にか在る　檻外の長江空しく自ら流る

現代語訳

【文章】

王勃は父（当時南方に左遷中）の安否を尋ねようとして、その道中南昌に立ち寄った。当時都督の閻公が滕王閣を新たに修築し（工事が）完成したところであった。九月九日、大いに賓客を集め、（閻公は）娘婿に文章を作らせ、今回の大事業を誇ろうとした。王勃は閻公の屋敷でお目にかかった。都督はその才能を知り、やがて滕王閣についての文章の作成を依頼した。王勃は喜んで客人の面前でさかずきをとり、わずかの時間で書き上げた。（しかし）その文章は修正する必要はなかった。その場に居合わせた全ての人々が大いに驚いた。酒をさかんに飲んでいとまを告げることになったが、閻公は百疋の絹織物を贈った。（王勃は）船の帆をあげて去って行った。南方に着き、舟が大海に入ったところで溺死した。当時二十九歳であった。

王勃は素晴らしい文章を執筆したので、（文章の執筆を）求める者が多かった。（お礼の）黄金や絹が積み重なっていた。心で機を織り筆で田を耕すように素晴らしい文章を次々と執筆して生活していた。ところが（文章執筆では）十分な推敲もせず、まず数升の墨を磨って、さかんに酒を飲み、布団を被って顔を覆って横になった。目が覚めると、筆を執って作品を完成させると、一文字も修正することはなかった。人はこの様を腹稿と言った。

【資料】

滕王閣の高楼は贛江のなぎさに臨み、
身に着けた鸞の形の鈴がなり、歌や舞いがやんだ
彩色された棟木の向こう、朝、南浦へと飛んでいく雲
豪華な御簾を夕暮れに巻くと、西山には雨が降る
静かに流れる雲はその影を贛江に映し、変わらない
物は変わり、月日が流れ、幾度秋になったことか
滕王閣の主であった太祖の皇子は今どこにいるのやら
手すりの外では長江が知らぬげに流れている

漢詩二題／鶴林玉露

オリジナル問題
問題▼本冊94ページ

解答（配点50点）

問	解答	配点
問1	④	6点
問2	(i) ① (ii) ⑤	各6点
問3	⑤	6点
問4	④	8点
問5	(i) ③ (ii) ② (iii) ②	各6点

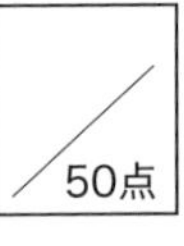
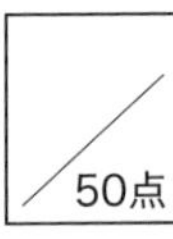
50点

問題文について

【漢詩Ⅰ】

出典　唐・李白「贈汪倫」（清・『全唐詩』）

李白が詩を贈った汪倫は、酒造りの一徹な老人で、決して有名人ではないが、この詩によって今日まで名を残した人である。全篇軽快なリズムで、水の深さを友人の情の深さになぞらえるという、一見論理を無視した着想が李白らしいといえる詩である。

漂泊詩人であった李白は、その最期もロマンに満ちたものとされている。伝説では、旅の途中長江に突き出した岩棚で飲酒の最中、長江の水面に映った月を酒のさかなにすくおうとし、落ちて死んだことになっている。実際にはこの漢詩を作った数年後に病没しているのだが、なぜか伝説に合わせて、安徽省の長江に面した断崖には、李白終焉の地がそれらしく残っている（筆者、訪問済み）。

【漢詩Ⅱ】

出典　唐・杜甫『月夜憶舎弟』（清・『全唐詩』）

失意と病身のままに旅を続けていた杜甫四十八歳の初秋の作品である。当時彼は、秦州にいたが、ここにも長く腰を落ち着けることができず、二か月後にはこの地に見切りをつけ、蜀へ向かい、幸いにもそこでわずか五年であるが、平穏な暮らしを手に入れることになる。

【資料】

出典　南宋・羅大経『鶴林玉露』

筆者・羅大経の見聞や詩文の評論を記録風にまとめた随筆集である。問題文は、中国を代表する二大詩人である李白と杜甫の違いをユーモラスに記した文章である。一斗の酒の酔いから醒め、一気呵成に詩を書き上げた「李白」と、考えをまとめるのにひどく時間がかかり、推敲を繰り返した苦吟の人「杜甫」を対比的に描いている。この二人は、数回しか会っていないにもかかわらず、固い友情に結ばれていたといわれる。だからこそ、お互い遠慮なく相手の作詩態度をからかうことができたのだろう。

飄逸（ひょういつ）な性格のゆえに「詩仙」の称号を持つ李白、常に国家の行方や民衆を思っていたゆえに「詩聖」の称号を持つ杜甫であるが、従来中国では、詩人の評価に際して、どれほど道徳的か、また、どれほど民衆の不満を代弁しているかといったことを評価の尺度としていた。そういう意味では、伝統的に杜甫の方が高い評価を受けている。

設問について

漢文中の重要単語や国語の教養につながる単語知識、重要な文法表現の確認をする設問、さらには、近体詩（唐代に生まれた、一定の格律を守った漢詩）を代表する「絶句」「律詩」の構造についての理解を求める設問を配している。

また、**問5**の文章では、**【資料】**の漢文を参照しながら、二つの漢詩を対比的に読解し、李白と杜甫という対照的な詩人を解説している。この**問5**の各種設問では、マクロ的な視点も生かして解答する力を要求している。

問1 語彙――漢字の意味

設問の傾向とねらい

漢文中の単語の読み方の知識だけでなく、日本語の漢字の教養をも試す設問。

(1) 忽

「たちまチ」と読む。読み方どおりに「にわかに」の意で訳すこともあるが、通常は「ふと・いつの間にか」の意味。

(2) 不レ苟

「苟」は通常仮定の接続詞として用いられ、「いやしクモ」と読み、「かりにも・かりそめにも」の意を表すが、否定の助動詞「不（ず）」で打ち消している場合、「いやしクモセず」と読む（「苟」は動詞）。「いいかげんにしない・かりそめにしない」の意。なお、「苟」は「苟且（かりそめ）（＝その場限り・いいかげん）」の「苟」である。

(3) 蓋

推測を込めた見解を以下に続ける副詞。「けだシ」と読み、「（私が）思うに・おそらく」の意を表す。よって、**④が正解**。

▼主な文脈把握語句

1 **夫（そレ）**――さて・そもそも

それまでに述べたことについての**筆者・話者の見解や解説**を続けたり、**議題**の提起をしたりする。

2 **今**(いま)——ところでいま・ところがいま・さて
話題を現実に戻し、**現実の問題**、**現在の状況**について論じる。

3 **然則**(しかラバすなはチ)——このようであれば・以上からして・要するに
前述の内容を受けた**総括**・**発展**の論が続く。具体的には、それまでに挙げた例に含まれる教訓・善言等が続く。

4 **蓋**(けだシ)——（私が）思うに・おそらく
推測を込めた見解が続く。
※まれに後節頭において「要するに・だから」。

問2 内容説明

設問の傾向とねらい

内容説明の形で、漢詩の構造についての理解を求める設問。漢詩の基本的な構造さえわかれば、解答は容易である。

解答のポイント

漢詩読解の基本は、二句（奇数句＋偶数句）を対比的に見て読解に役立てること。「二句ワンセット＝一文」と考える。

傍線部**A**を含む第四句（偶数句）と第三句（奇数句）を一文とみなすならば、第三・四句は「[A]不レ及(バ)二[B]一」の形で、[A]と[B]を相対的に比較していることになる。すなわち、

[A]＝桃 花 潭 水 深 千 尺、[B]＝汪 倫 送レ我 情

のように対比的にとらえているとわかる。次に述べる絶句の構造からも、そのように考えるべき。

解答のポイント

絶句の構造は、一言で「起承転結」と言うが、実際には構造的に前半二句と後半二句とに分かれ、一方が「叙情」なら、もう一方が「叙景」の役割を果たすなど対照的な関係であることが多い。

つまり、第一～三句を並べて、第四句目につないでいるのではなく、あくまでも第三句と第四句とでワンセットなのだ。ここで、[A]つまり、(i)は①**が正解**だとわかる。

次に、(ii)比較の対象[B]である「汪 倫 送レ我 情」について考えよう。第二句で人と手をつなぎ足を踏みならしにぎやかに歌を歌いながら見送る汪倫の姿からイメージされるのは、決して憐(あわ)れみや悲しみではない。ここで①・③が消える。また、比較の対象[A]と意味レベルを一致させるならば、「深さ」を含む②・⑤が残る。ただ、詩題からも「詩を贈った相手・汪倫」の「作者・李白」に対する情をうたったと考えるべき。ここで

⑤が正解になる。

問3 語句補充——押韻語

設問の傾向とねらい

語句補充の形で、押韻の規則についての知識を確かめる設問。

漢詩のポイント【押韻の規則】

❶ 押韻とは、ある決められた位置に規則的に同じ音の響きの語を並べ、音楽的な心地よさを追求するルールである。

❷ 原則として、句末で押韻する（脚韻を踏む）が、その位置は左記のとおり。

五言詩—偶数句末

七言詩—第一句末＋偶数句末 ※第一句はまれに押韻していない

❸ 押韻位置の漢字の送り仮名を取り、音読みしてみると（音読みは、その漢字を含む熟語に直すとよい）、韻母（音の響き—はじめの子音を除いた残りの母音・母音＋n）が同じになっている。ローマ字に直してみると、「—a、—i、—u、—e、—o」や「—an、—in、—un、—en、—on」が同じになっており、もっとよくわかる。

音は原則として「漢音（仏教の経典を読む音である呉音(ごおん)と違い、漢文を読むための音）」であるが、大学受験のレベルではそれほど気にしなくともよい。

❹ 押韻の規則が途中で変化している、つまり換韻(かんいん)している場合、たとえ見かけ上「絶句（全体が四句）」や「律詩（全体が八句）」の形になっていても、「古詩」とみなす。「換韻」している場合、句末の語句補充などの押韻語の選択にあたっては、とりあえず空欄直近の偶数句末の音のみを考慮に入れればよい。

この漢詩は五言詩なので、偶数句末で押韻している。第二句末「声」（セイ—sei）、第六句末「生」（セイ—sei）、第八句末「兵」（ヘイ—hei）と韻母が同じものを選ぶ。

選択肢は、①白—ハク、②輝—キ、③円—エン、④昇—ショウ、⑤明—メイ（「灯明」の「明」の音である「ミョウ」は呉音である）。ここは、明らかに⑤「明」（メイ—mei）が正解だ。

▼補足事項—押韻語

読み終わりが「二重母音」や「母音＋n」となり、中国語の原音と日本語の音にずれがある場合、「音読み」「ローマ字表記」のいずれも、「押韻」していないように思われることがある。そのような場合、**押韻語**の選択にあたっては、とりあえず**押韻の規則**どおりの位置にある漢字を選んでおく。

問4 内容の解釈

設問の傾向とねらい

漢詩の特徴を考慮して解釈する設問。文法的な知識だけではなく、漢詩の省略成分や対句の構成といった漢詩の特徴をも考慮する必要がある。

まず、選択肢をざっと見てみよう。選択肢①・②は、「寄レ書（＝手紙を送る）」の主語を「兄弟」とし、③・④・⑤は、「私」としているが、漢詩中の省略された主語は原則として「作者（＝我）」であるため、③・④・⑤が残る。

！解答のポイント

1　詩題中や漢詩中の省略された主語は、原則「作者」である（→訳を補う場合は「一人称」）。また、不特定の人物（その多くは旅人）も、原則「作者」を指す。
※動作・状態の内容から「作者」でないこともあるので、注意。

2　「叙述の対象」としているものが誰に所属しているものかが明らかでない場合も、原則として「作者（一人称）」に所属するものと考える。

次に、律詩の構成を考えてみよう。

漢詩のポイント【律詩の構成】

律詩は、二句ワンセットのまとまりが特に強い漢詩の形式である。二句ワンセットを「聯」と呼ぶ。

呼び方	役割
首聯（第一・二句）	場面設定・作詩理由・詠詩対象の紹介
頷聯（第三・四句）	対句1
頸聯（第五・六句）	対句2
尾聯（第七・八句）	総括―作者の心情やメッセージ

傍線部**B**（第七・八句）は、第六句までを受けた総括である。第五句で「有レ弟皆分散」とうたう一方、第六句までには戦争をイメージさせる「戍鼓」は出てきても、手紙を奪う「兵士」そのものは登場しないし、「妻子」も登場しない。ここで、③・⑤が消え、兄弟と離ればなれになっていることを前提とした④が残る。

第七・八句中の「抑揚表現」についての理解があれば、解答はより容易であったかもしれない。

文法のポイント【抑揚表現】

同じジャンルに属する[A1]と[A2]について、[A1]よりも[A2]の方が「より価値がある／重要である」ことを表現したもの。

[A1]―取るに足らないもの＜[A2]―強調の対象
（引き立て役）　（印象づけたいもの）

[A1]についての状況・判断 → [A2]についてのいっそう進んだ状況・状態

抑部分 → 揚部分

[A1]スラ（猶(なホ)／且(かツ)）[B]。況(いは)ンヤ[A2]ヲヤ

雖(いへど)モ[A1]ト　而(しか)ルヲ況(いは)ンヤ[A2]ヲヤ

「A1でさえも（なお／やはり）Bなのだ。ましてA2はなおさら（B）だ／ましてA2は当たり前のことだ」

※前半部は省略されたり、不明瞭であることが多い。

「抑揚表現」をそのまま訳すと、「私が手紙を送っても、長く届かない。まして、まだ戦争をやめていない今はなおさらだ」になる。「まして」は、言い換えると「言うまでもなく」になるので④が正解だ。

問5 複数のテクストの分析・評価
——(i)内容理解、(ii)内容説明、(iii)要旨

設問の傾向とねらい

漢文の構造についての十分な理解、解説文と問題文を照らし合わせて読む力、さらには、選択肢をとおして日本語の教養を問うている。

(i) [1]・[2]・[Y]

選択肢の「一気呵成(かせい)」は、「詩文などを、ひといきに書き上げる」意味、「粉骨砕身」は、「力の限りを尽くす」意味だ。ここで【資料】を読むと、李白が「詩を書き上げる」際の姿が「援(とリテ)レ筆ヲ立(チドコロニ)成(ル)」だとわかる。ここで、[1]＝「一気呵成」とした②・③・⑤が残る。

また、杜甫については、「改(メ)罷(やメテ)長吟(シ)」である。「長吟」とは、声を長く引いて詩などを節をつけてうたうこと。③・⑤「苦吟」は、詩や歌などを創作しようとして、表現に苦労し時間がかかること。②「朗吟」とは、詩歌を声高らかにうたうことだ。ここで「苦吟」を含む③・⑤が残る。なお、傍線部(2)「不レ苟」の意味がわかれば、解答は容易だったかもしれない。

解答のポイント

1 発言や引用文直後の一文は、直前の発言の影響下にある。
→[主語1]曰「〜A〜。」[主語2]—B—。
→発言・引用文Aの主語と直後の動作Bの主語が異なる。
→動作Bは、[主語1]の発言Aに対する[主語2]の反応・応答。

2 [主語1]曰「〜A〜。」[主語1]—B—。
→発言・引用文Aの主語と直後の動作Bの主語が同じ。
→動作Bは、[主語1]の発言Aを[主語1]自身が実行・確認した内容。

「[Y]之一辞、譏其困琱鐫也」は、直前に引用された漢詩の内容と密接な関わりを持つ。すなわち、直前の発言中の一字(一辞)についての解説になっているわけだ。よって、「琱鐫」は、作詩における文字の推敲を述べていると思われる。それに苦しんでいることを表す「苦」の③**が正解**。

一言 **【資料】**の「李太白一斗百篇」は、杜甫の「飲中八仙歌」の「李白一斗詩百篇」から採ったものである。

(ii) [3]

律詩の首聯(第一・二句)は、場面設定や作詩理由を述べるものだ。その第一句で「戍鼓」(注5参照)とあるため、第五句「有弟皆分散」の原因は兵乱と考えられる。そこから、第七・八句の総括につながるのである。

また、第四句に月が出てくるが、六朝(りくちょう)以来の漢詩に現れる月の多くは、遠く隔たった者を同じく照らすという発想を踏まえたものだ。この「月」は、遠く離れた兄弟と杜甫の心をつなぎとめる役割をこの漢詩に付加している。なお、第二句の「雁」も、故郷・家族への思いや孤独感を連想させる語である。「月」や「雁」は、「詩語」と呼ばれるものの一つである。

解答のポイント

詩語は、様々な漢詩中に繰り返し用いられた、「特定の詩的イメージを内包する語」である。作品内に込められた情感をくみ取るヒントとなる。

漢詩のポイント **【知っておくべき十種の詩語】**

月——故郷への思い。家族・友人への思い。
雲——行方定めぬ旅人。
流れる水(=川)——去りゆく友への惜別の情。
孤帆・孤舟——孤独感。
雁——故郷・家族・友人への思い。
※「雁」は「手紙」の縁語である。
※「一雁」「千里の雁」は、孤独感の強調。
猿(の鳴き声)——悲しみ・悲壮感。

転蓬（地を転がるよもぎ）――行方定めぬ旅人。
柳・楊柳――別離。
松――節操・孤高。
白鷗（はくおう）――自由の境地（へのあこがれ）。

そして、詩題「月夜憶㆓舎弟㆒」に注意する。

解答のポイント

詩題は、時に詠詩対象・漢詩のテーマ・作者の置かれた状況をとらえるための重要な資料となる。

以上から、弟たちを思いつつも、天下に兵乱の続くいま、弟たちと遠く隔てられ、異郷で孤独を感じる杜甫の姿を描いた詩だとわかる。**②が正解**だ。設問の解説文中の「その彼の悲哀の情は、波線部『無家問死生』で頂点に達し、尾聯（第七・八句）へと集約する」も解答のヒントになる。

なお、この種の設問は、本文中に根拠がない選択肢は消去されるべきである。また、漢詩の問題の場合、具体的な描写から連想不可能な内容を含む選択肢も間違いである。

① 「軍隊によって」「街の治安は保たれるようになった」「賊に捕らえられたままで」が間違い。

③ 登場しない「妻子」に言及している。また、「兄弟」のとらえ方も間違い。

④ 「兄弟と仲違い」が明らかに間違い。

⑤ 肝心の「兄弟への思い」にまったく触れていない。

(iii) 無家問死生

波線部は律詩の第六句、つまり対句の一部である。

漢詩のポイント【対句とは?】

1 対句とは、「文字数」と「文法的順序」が同じで、対照的、もしくは、類似的な関係にある二句の組み合わせによる修辞をいう。

2 律詩は、原則として「第三句と第四句」「第五句と第六句」が対句になっている。なお、第三・四句の代わりに第一・二句が対句になっている場合、「偸春体（とうしゅんたい）」という。

3 漢詩中の対句は、「反対（はんつい）（対照的な意味の並列）」が多い。

対句の構成から見た場合、「有ルモㇾ弟皆分散シ　無家問死生」は、わかりやすくはないが、「有」と「無」を基軸とした対句になっている。

第五句―有弟（弟がいる）→皆分散（弟の現在の状況を説明）

同じ構造と考えるならば、

第六句―無家（家がない）→問死生（家の現在の状況を説明）

と考えることができる。

「死生」は「生死」「生きているか死んでいるか」の意を表す名詞。よって、「問㆓死生㆒」と読んでおこう。返り点は第五句と異なり、やや特殊であるが、対句としての規格に外れるものではない。すなわち第六句は、「死生を問うための家がない」といっているのだ。ここで②が正解になる。

書き下し文

【漢詩Ⅰ】

汪倫に贈る　李白

李白舟に乗りて将に行かんと欲す
忽ち聞く岸上踏歌の声
桃花潭水深さ千尺
及ばず汪倫の我を送るの情に

【漢詩Ⅱ】

月夜舎弟を憶ふ　杜甫

戍鼓人行断え
辺秋一雁の声
露今夜より白く
月は是れ故郷のごとく明るし
弟有るも皆分散し
家の死生を問ふ無し
書を寄するも長く達せず
況んや乃ち未だ兵を休めざるをや

【資料】

李太白は一斗百篇、筆を援りて立ちどころに成る。杜子美は改め罷めて長吟し、一字苟くもせず。二公蓋し亦た互に相ひ譏嘲す。太白子美に贈りて云ふ、「借問す何に因りてか太だ痩せたる、只だ従前詩を作るの苦しみの為ならん」と。苦の一辞、其の琱鎸に困しむを譏るなり。子美太白に寄せて云ふ、「何れの時か一樽の酒、重ねて与に細かに文を論ぜん」と。細の一字、其の縝密を欠くを譏るなり。

現代語訳

【漢詩Ⅰ】

汪倫に贈る　李白

私李白は舟に乗り、いまにも出発しようとしている。
ふと岸の上から踏歌の声を耳にした。
桃花潭の水は深さ千尺もあると言われている。
だが、汪倫が私を見送るあたたかい心の深さには及ばない。

【漢詩Ⅱ】

月夜に弟たちを思う　杜甫

兵士の打ちならす太鼓で、人通りもとだえた。
辺境の秋の夜空には一羽の雁の声が聞こえるだけだ。
露は白露節の今夜から白く光る。
月は故郷で見たときと同じように明るく輝いている。
弟たちはみな散り散りとなった。

彼らの安否を問うべき我が家もない。
手紙を送っても長い間彼らに届かない。
ましてまだ戦争が終わっていないのだから。

【資料】

李太白〔＝李白〕は一斗の酒を飲んで百首の詩を作り、筆を執るとたちどころに詩を書き上げる。杜子美〔＝杜甫〕は詩句を改めては詩作の手を止めずっと口ずさみ、一字たりともいいかげんにしなかった。この二人は思うにまた互いに罵り合っていた。太白が子美に贈った詩ではこう言っている、「お尋ねします。いったいどうしてそんなに痩せているのですか、昔からの詩作の苦しみのためでしょうね」と。苦の一文字は、杜甫が推敲に苦しんでいることを譏(そし)ったのである。杜甫は李白に詩を贈って、「いつか一樽(たる)の酒を酌み交わし、再びともに文章について細かに語り合いましょう」と。細の一文字は、李白の詩が緻密さを欠いていることを譏ったものである。

装丁・本文デザイン：内津剛（及川真咲デザイン事務所）
編集協力：中村悠季
校正：（株）研文社／宮川咲／加田祐衣